GARTEN TEICH Träume

Die schönsten Ideen

Wolfram Franke

GARTEN TEICH Träume

Die schönsten Ideen

>Brunnen >Wasserspiele >Bachlauf >Miniteich
>Folienteich >Fertigteich >Schwimmteich

blv

Inhalt

Faszination des Wassers

Wasser ist ein Lebenselixier. Alle Lebewesen brauchen es. Nichts in der Natur oder im Garten zieht so viele Lebewesen an wie ein Gewässer, und sei es auch noch so klein. Die Vielfalt der Pflanzen- und Tierarten nimmt in der Nähe des Wassers zu, wobei jede Pflanze ihren eigenen Standort mit dem ihr am besten zuträglichen Maß an Feuchtigkeit findet. Tiere, sofern sie nicht ohnehin im Wasser leben, kommen regelmäßig zum Trinken, manchmal auch zum Baden ans Ufer eines Gewässers.

Menschen haben sich seit jeher am Wasser niedergelassen. Von den bedeutendsten Metropolen dieser Welt bis hin zu Kleinstädten und unzähligen Dörfern und Weilern wurden menschliche Siedlungen mit besonderer Vorliebe an der Küste, am Ufer eines großen Sees oder Flusses gegründet. Das Gewässer bot (und bietet) Nahrung und dient bei entsprechender Größe als Transportmedium.

Und schließlich ist das kostbare Nass an sich unentbehrlich. Hochachtung erweisen Städte dem Gewässer, indem sie den Namen »ihres« Flusses oder Sees immer in Verbindung mit ihrer Stadt führen: Frankfurt am Main/an der Oder, Halle (Saale), Rothenburg ob der Tauber, Zell am See... An den Ufern der Flüsse und Seen werden repräsentative Promenaden angelegt und viele Sommerfeste finden am Wasser statt.

Ein naturnah angelegter Gartenteich schafft eine Verbindung von der Gartenkultur der Menschen zu naturbelassenen Lebensräumen der Landschaft.

Seit jeher haben sich Menschen das Wasser auch in ihre Nähe geholt, nicht nur zu ihrem alltäglichen Gebrauch, sondern auch zu ihrer Erbauung. Die Villen der reichen Ägypter und Römer und die vielen historischen Barockgärten und Landschaftsparks, die wir heute bewundern können – was wären sie alle ohne ihre kunstvollen oder naturnahen Wasseranlagen?

Dort, wo es kein größeres natürliches Gewässer gab, erfüllten Dorfteiche vielfältige Aufgaben: Sie wurden von den Dorfbewohnern in Handarbeit mit teilweise meterdicken Lehmschichten abgedichtet und dienten vielen praktischen Zwecken, als Viehtränke, Pferdeschwemme, Wasch- und Badestelle und nicht zuletzt als Feuerlöschteich. Auch die Bürger in den Villengegenden der Großstädte legten bald Gartenteiche an. In seinem »Gartenbuch für Anfänger« aus dem Jahr 1913 beschreibt Johannes Böttner ausführlich, wie man eine Teichgrube mit Dachpappe und Holzbeton abdichtet und Seerosen pflanzt. Später mauerte man Wasserbecken und versah sie mit wasserdichtem Putz und Farbe, und in den1960er-Jahren wurden die Becken oft in Beton gegossen.

Renaissance der Biotope

Fertigteiche und Teichfolien machten dann die Anlage von Gartenteichen leicht. Nach massiven Zerstörungen natürlicher Lebensräume in den ersten zwei Nachkriegsjahrzehnten besann man sich in den späten 1970er- und 1980er-Jahren auf die fast vergessenen kleinen Feuchtbiotope. Damit erlebten Gartenteiche einen wahren Boom, der bis heute anhält. Kein Wunder, denn die Vielfalt der Gestaltungsmöglichkeiten mit Wasser ist so groß, dass man sie in einem Buch kaum zusammenfassen kann. Gartenteiche können als architektonische Elemente, in Form von fließendem Wasser, als Freilandaquarien und nicht zuletzt als Feuchtbiotope aus zweiter Hand angelegt werden.

In jedem Fall ist ein Teich immer etwas lebendiges, das die Sinne reizt, Kurzweil und Erholung spendet und vor allem dem Naturteichliebhaber neben den offensichtlichen gartengestalterischen auch ökologische Erfolge beschert.

Dieses Buch will einen Überblick über alle Möglichkeiten geben, mit Wasser im Garten zu gestalten, von der Vogeltränke und formale Seerosenbecken über Feuchtbiotope bis hin zu Schwimmteichen.

Man schützt, was man liebt: Kinder, die mit den Erlebnissen am Wasser aufwachsen, werden diese Lebensräume auch als Erwachsene schützen.

Wasser-Variationen

Zu Unrecht ist das Wort »Tümpel« negativ besetzt. In diesem natürlichen Kleingewässer wachsen Sumpf- und Wasserpflanzen, leben Wasserläufer, Käfer und sogar Libellen. Auch Amphibien finden sich in meist kurzer Zeit ein. Der wichtigste Unterschied vom natürlichen Tümpel zu einem kleinen Gartenteich: Der Teich im Garten trocknet aufgrund der Abdichtung im Sommer nicht aus.

Zudem bietet es sich im Garten an, auf kleinster Fläche wesentlich reichhaltigere, buntere und blühendere Pflanzengesellschaften zu schaffen als sie in der Natur jemals in derart geraffter Form entstehen würden. Sogar Seerosen können in kleinen, flachen Gartentümpeln gedeihen. Selbst mitten im Wohngebiet siedeln sich Libellen an und stellen sich nach erstaunlich kurzer Zeit Frösche, Kröten, Molche oder Unken ein.

Die Möglichkeiten, mit Wasser im Garten zu gestalten, sind vielfältig: Auf kleinstem Raum kann nach natürlichem Vorbild auch ein künstlicher Bachlauf durch den Garten plätschern. Viel mehr Platz brauchen dagegen Schwimm- und Fischteiche: Nur in sehr großen Teichen kann eine gewisse Anzahl kleiner Wildfische ohne Filtertechnik leben, und wer Kois im Teich halten will, braucht ein tiefes Becken mit aufwändiger Filtertechnik.

Wie in der Natur kann auch ein künstlich angelegtes Gewässer im Garten nicht jeden Zweck erfüllen. Ein Tümpel eignet sich weder zum Baden noch um darin Fische zu halten. Und ein Schwimmteich lässt sich in Ihrem Garten nur dann verwirklichen, wenn Sie seinem Vegetationsbereich ebenso viel Platz einräumen können wie der Schwimmzone.

Einbindung in den Garten

Sie tun also gut daran, Ihre Wünsche genau zu überlegen und sich dann für den Gartenteich zu entscheiden, der Ihren Vorstellungen am meisten entgegenkommt und der in Ihren Garten am besten hineinpasst. Wenn Sie über genügend Platz verfügen, lassen sich natürlich auch verschiedene Teichtypen kombinieren, zum Beispiel ein Bach mit einem Naturteich.

Betrachten Sie Ihren Garten aus verschiedenen Blickwinkeln und prüfen Sie, wo und welche Art von Teich sich am besten in das Umfeld einfügt. Ein naturnaher Teich sollte immer auch an naturnah gestaltete Bereiche wie Trockenmauern oder Wildstaudenpflanzungen anschließen. Einen formalen Teich wird man auf die Architektur des Hauses und einen eventuell ebenfalls formal gestalteten Garten abstimmen. Für welchen Teichtyp Sie sich auch entscheiden: Der Teich darf nicht als Fremdkörper wirken, sondern muss Teil des ganzen Gartens sein.

Schwimmteich

Dieses Gartengewässer unterscheidet sich vom herkömmlichen Gartenteich nicht nur durch seine Größe. Wer in einen naturnahen Gartenteich, der in der Regel zu flach und zu klein zum Schwimmen ist, auch nur hineinwatet, stört die Lebensgemeinschaft der Pflanzen und Tiere des Gewässers erheblich. Auch Seerosen brauchen ein ruhiges Gewässer. Aus diesem Grund werden die Schwimmzone und die Vegetationszone eines Schwimmteiches nebeneinander angelegt.

Fischteich

In einem kleinen natürlichen Gewässer, zum Beispiel in einem Tümpel, kommen keine Fische vor. Aus gutem Grund: Im Sommer erwärmt sich das Wasser schnell, der Sauerstoff im Wasser wäre bald aufgezehrt, es mangelte den Fischen an Nahrung, und infolge der Ausscheidungen der Fische würde das Algenwachstum überhand nehmen, bis das Gewässer umkippt. Im Winter dann fröre das Kleinstgewässer bis fast auf den Boden durch. Darin könnte kein Fisch überleben.

Deswegen eignen sich kleine, flache Gartenteiche nicht zur Haltung von Fischen, schon gar nicht von großen exotischen. Wollen Sie Goldfische oder Kois im Gartenteich halten, so muss dieser folglich wesentlich größer und tiefer und in vielen Fällen obendrein mit einer technisch ausgefeilten Filteranlage ausgestattet sein.

Den Wunsch nach einem lauschigen Plätzchen im Freien haben sich viele Menschen in ihrem Garten erfüllt. Dabei bildet häufig wie hier der Teich den Blickpunkt der kleinen grünen Oase.

VIELFALT

VIELFÄLTIGE MÖGLICHKEITEN

Man stelle irgendwo im Freien ein Gefäß mit Wasser hin und warte. Es dauert nicht lange, bis der erste Vogel angeflattert kommt, sich leichtfüßig auf dem Rand des Gefäßes niederlässt, um sich dann dem Trinkgenuss hinzugeben, als wäre die Schale mit edlem Wein gefüllt. Ist das Gefäß ein wenig größer, enthält es noch ein bisschen mehr Wasser, dann lässt es sich der Piepmatz nicht nehmen, mit Eleganz ins Wasser zu hüpfen und mit Flügelschlagen und reichlichem Geplätscher ein ausgiebiges Bad zu genießen.

Eine mediterran anmutende Vogeltränke. Auf dem Sockel bietet sie Vögeln mehr Schutz vor Katzen, und die Piepmätze lassen sich leichter beobachten.

Ob in Stein gehauen und auf einen Sockel gesetzt, ob getöpferte Schale oder auch nur ein mit Wasser gefüllter Blumentopfuntersetzer aus gebranntem Ton – alles kann diesen Zweck erfüllen. Stellen Sie die Vogeltränke an einem übersichtlichen Platz auf, an dem der heranschleichende Kater keine Chance hat, den Vogel zu fangen.

Kleine Oasen auf Balkon und Terrasse

Lieben Sie Wasserpflanzen, so brauchen Sie selbst dann nicht auf Seerosen zu verzichten, wenn Ihnen nur ein Balkon oder eine Terrasse zur Verfügung steht. Ein halbiertes Wein- oder Whiskyfass, ein alter Waschzuber, notfalls ein Mörteltrog lässt sich in einen Miniteich verwandeln. In nahezu jedem beliebigen, mindestens 25 Zentimeter tiefen mit Wasser gefüllten Gefäß können einige anspruchslose Schwimmpflanzen gedeihen. Man legt sie einfach aufs Wasser. Die bekannteste heimische Schwimmpflanze ist die Kleine Wasserlinse *(Lemna minor)*, auch Entengrütze oder Entenflott genannt. Die kleinen frisch hellgrünen Pflänzchen bilden in nährstoffreichem Wasser einen dichten Teppich, der in einem Gartenteich zum Problem werden kann. Andererseits hat dieses erfrischende Grün auch seinen Reiz. Warum also nicht mit einem Eimer mal etwas Wasser aus einem Dorfteich mit Entengrütze abschöpfen und in eine Schale auf dem Balkon füllen? So sammeln Sie erste Erfahrungen mit einem Mini-Wassergarten.

Von den heimischen Schwimmpflanzen eignen sich auch Froschbiss *(Hydrocharis morsus-ranae)* sowie Krebsschere *(Stratiotes aloides)* für den Teich im Kübel. Für sie sollten Sie aber die Größe eines Mörteltrogs wählen. In Gefäßen lassen sich auch Unterwasserpflanzen wie Nadelkraut *(Crassula recurva)*, Hornkraut *(Ceratophyllum demersum)*, Nadelsimse *(Eleocharis acicularis)* sowie (in sehr weichem Wasser mit niedrigem pH-Wert) Wasserschlauch *(Utricularia vulgaris)* halten. Diese Pflanzen werden auf den Boden des Gefäßes gesetzt, wo sie sich teppichartig ausbreiten. Wenn sie andere Pflanzen bedrängen, lässt sich der Bewuchs leicht von Hand ausdünnen.

Schwimmende Exoten

Neben den winterharten, heimischen Schwimmpflanzen bieten sich für die Miniteiche im Kübel auch exotische Schwimmpflanzen an. Das Feenmoos *(Azolla mexicana)* bedeckt mit seinen gekräuselten grünbraunen Blättern ähnlich der Wasserlinse ganz schnell den Wasserspiegel, weshalb man dem kleinen, aber sehr reizvollen Wucherer ein eigenes Ge-

Kleine Oase der Frische: Zierlich nehmen sich die rautenförmigen Blätter der Wassernuss neben den Seerosenblättern aus. Daneben leuchtet hellgrün der Wassersalat.

Der leicht schattige Standort ist ideal für einen Mini-Wassergarten: eine Seerose, mehrere Wassersalate und schwimmende Kugeln in der Zinkwanne.

Mini-Wassergärten lassen sich durch neu hinzugefügte Gefäße erweitern: Die Krebsschere ragt aus der Holztonne hervor, Seerosen gedeihen in der Wanne und Wasserhyazinthen im Eimer – fast alles ist möglich!

fäß zuteilen sollte. An sonnigem Standort und bei warmer Witterung entwickeln auch Wasserhyazinthe (*Eichhornia crassipes*) sowie Wassersalat (*Pistia stratiotes*) kräftiges Wachstum. Der Wassersalat macht im Aussehen seinem Namen alle Ehre, ist aber nicht essbar, ebenso trägt die Wasserhyazinthe ihren Namen zu Recht: Ihre blauen Blütenstände ähneln in der Tat denen einer Hyazinthe. (Genaue Beschreibungen auf Seite 35.)

Wasserpflanzen im Kübel

In Gefäßen auf dem Balkon gedeiht nahezu alles, was in unseren heimischen Gewässern zu Hause ist, vom Kalmus bis zum Rohrkolben, von der Seerose bis zu Sumpfdotterblumen, Wasser-Schwertlilien und Binsen aller Art. Zu empfehlen sind jedoch vor allem folgende Pflanzen, die nicht allzu stark wuchern:

Mit schwach wachsenden Pflanzen lassen sich auch kleinste Gefäße bepflanzen. Gut eignen sich etwa Zwerg-Seerose *(Nymphaea tetragona)* und Sumpf-Schwertlilie *(Iris kaempferi)*.

- Bachbunge *(Veronica beccabunga)*
- Brennender Hahnenfuß *(Ranunculus flammula)*
- Gauklerblume *(Mimulus luteus)*
- Kleiner Rohrkolben *(Typha minima)*
- Pfeilkraut *(Sagittaria sagittifolia)*
- Schwanenblume *(Butomus umbellatus)*
- Sumpfdotterblume *(Caltha palustris)*
- Sumpf-Kalla *(Calla palustris)*
- Sumpf-Vergissmeinnicht *(Myosotis palustris)*
- Wasser-Minze *(Mentha aquatica)*
- Weißbunter Kalmus *(Acorus calamus* 'Variegatus')
- Tannenwedel *(Hippuris vulgaris)*

Genaue Beschreibungen dieser Pflanzen finden Sie auf Seite 93–95.

Zwerg-Seerosen

Unter den zahlreichen Seerosen-Sorten gedeihen viele im flachen Wasser von nur 20 bis 30 Zentimeter. Diese Sorten eignen sich hervorragend für Miniteiche. Meist reicht es dort nur für ein einziges Exemplar, dessen Wirkung ist aber dafür umso eindrucksvoller. Folgende Zwerg-Seerosen eignen sich besonders für den Teich im Kübel:

- *Nymphaea tetragona* (weiß)
- 'Froebeli' (rot)
- 'Laydekeri Lilacea' (rosa)

Als Gefäße für den Miniteich empfehlen sich neben Mörteltrögen und halbierten Whiskyfässern Steingutgefäße, Natursteintröge oder alte Zinkwannen, auf der Terrasse auch Betonringe, deren Boden mit einer Lage aus gegossenem Beton abgedichtet wird. Auf dem Balkon bietet sich auch eine Holzkiste an, die innen mit einer 0,5 Millimeter dicken Teichfolie ausgekleidet wird. Die oft nicht sonderlich attraktiven Außenseiten einer Holzkiste oder eines Mörteltrogs können hinter ein paar aufgeschichteten Steinen oder anderen dekorativen Elementen verschwinden.
Die Wasserpflanzen setzen Sie in eine Schicht Lehmerde auf den Boden des Kübels, die anschließend dünn mit Kies bedeckt wird. Bei Gefäßen mit höheren Seitenwänden stellt man Zwerg-Seerosen und andere im Flachwasser wachsende Pflanzen mit Hilfe von Pflanzenkörben etwas höher. Der beste Platz für einen Miniteich ist leicht beschattet, wo sich die Gefäße nicht so rasch aufheizen, weniger Wasser verdunstet und Algen geringere Chancen haben, überhand zu nehmen.

Nahezu alle wasserdichten Gefäße eignen sich zur Anlage eines kleinen Wassergartens. In diesen Stahlbehältern gedeiht neben der Seerose auch die dekorative Zebra-Simse.

Sanft plätschernde Brunnen

Ein wenig sprudelndes oder leise plätscherndes Wasser, mehr brauchen Sie nicht, um die verlockende Atmosphäre einer Oase der Ruhe und Frische zu erzeugen. Sachte rieselt das Wasser unter dem Rauschebart eines in Stein gehauenen oder in Bronze gegossenen Meeresgottes Neptun hervor, spritzt aus den gespitzten Mündern üppiger Putten oder manchmal auch Frosch oder Fischreiher ... Die Grenzen zwischen Kunst und Kitsch, Schönheit und Geschmacklosigkeit sind buchstäblich fließend. Im Zweifelsfall ist eine ganz schlichte Gestaltung, wie zum Beispiel ein aus der Wand ragendes Eisenrohr, am unverfänglichsten. Das passt in jede Gartenumgebung.

Bei der Gestaltung von Brunnen aller Art sind der Fantasie kaum Grenzen gesetzt. Sie können gemauert oder in Beton gegossen sein, aus behauenem Stein oder einem halbierten Wein- oder Whiskyfass bestehen oder auch mit vorgefertigten Kunststoffelementen und Folien gestaltet sein. Sie sollten schlichte, gut proportionierte Formen haben, die sich harmonisch in die Umgebung des Gartens einfügen.

Die Technik, mit deren Hilfe das Wasser fließt, ist für jedermann leicht zu installieren. Sie besteht aus einer steckerfertig montierten Tauchpumpe, wie man sie auch für Springbrunnen verwendet, und einer Wasserleitung. Die Pumpe wird im Brunnentrog oder in einem darunter versteckten Wasserbehälter installiert und durch eine Wasserleitung mit dem Rohr, aus dem das Wasser rieselt, verbunden.

Linke Seite: Alte Ziegel fügen sich gut in Gärten mit Wildcharakter ein. Als Trockenmauern für diesen Wasserfall müssen sie aus statischen Gründen leicht gegen den Hang geneigt aufgeschichtet werden.

Oben: Einen Brunnen aus Klinkern kann nur ein geschickter Maurer so kunstvoll und exakt errichten. Das Wasserbecken muss dabei sorgfältig abgedichtet werden.

Seit jeher beliebt sind Wandbrunnen mit Wasserspeiern in Gestalt des Neptun. Richtig in den Garten eingebettet, passt ein solcher Brunnen an jede Wand.

Vom Sprudelstein zum kleinen Bach

Für einen Brunnen, einen Sprudelstein oder einen kleinen Springbrunnen bekommen Sie in jedem Gartencenter ein Set mit einer elektrischen Pumpe, aufgesetzter Düse und fertig montiertem Kabel mit Stecker. Sie können unter verschiedenen Wasserfiguren wählen, die von entsprechenden Düsen hervorgebracht werden. Im Angebot finden Sie Pumpen mit unterschiedlicher Leistung, von der die geförderte Wassermenge, die Höhe und die Stärke des Strahls abhängt (siehe auch Seite 134). Sie brauchen das Ganze nur noch in ein Gefäß mit Wasser zu stellen, diesen Wasserbehälter mit einem passenden Deckel oder einem Gitter abzudecken, rundherum ein paar hübsche Steine oder eine Baumwurzel zu dekorieren und dann noch den Stecker in die Steckdose zu stecken – fertig ist der plätschernde Brunnen. Achten Sie beim Kauf dieser Pumpen auf Prüfsiegel wie TÜV, GS und DVE, mit denen die Hersteller für die Sicherheit dieser elektrischen Geräte garantieren. Wenn Sie eine andere, nicht handelsübliche Installation bevorzugen, sollten Sie diese unbedingt von einem Fachmann (Elektriker) durchführen lassen.

Sogar einen kleinen Bach können Sie auf dem Balkon fließen lassen. Der Handel bietet dazu Fertigteile aus Kunststoff an, die man einfach nur in der Höhe gestaffelt aneinander zu setzen braucht. Das Wasser wird in einem Becken aufgefangen und von dort mittels einer Tauchpumpe und Wasserleitung wieder an die künstliche Quelle transportiert. Im Handel bekommen Sie auch mit feinem Kies beschichtete Fertigteile, bei denen der Kunststoff auf den ersten Blick nicht ins Auge fällt. Wer freier gestalten will, kann sich mit einem Holzgestell und Folie behelfen, die man mit natürlichen Materialien bedeckt. Wichtig ist hierbei genaues Messen und Arbeiten, damit der Bach nicht über seine Ufer tritt. Mit einer dünnen Schicht aus feinem Kies und einzelnen dekorativen Steinen erhält der kleine Bach ein natürliches Aussehen.

Ein Rinnsal kann sogar mit einer Solarzelle betrieben werden. Ein Solarmodul mit einer Größe von 31,5 mal 92,5 Zentimetern erzeugt eine Stromleistung von 11 Watt bei einer Nennspannung von 12 Volt. Damit können Sie eine Pumpe betreiben, die etwa 25 Liter Wasser pro Minute fördert. Für ein schmales Rinnsal auf Ihrem Balkon reicht dies allemal.

Kleiner Springbrunnen: Die elektrische Tauchpumpe mit der aufgesetzten Düse stellt man in eine verborgene Wanne, deckt sie mit einem Gitter und Steinen ab und schließt den Stecker an.

Dichte und Gewichte

Einen nicht allzu großen Trog mit Wasser muss jeder Balkon tragen können. Kommen weitere Gefäße

Für Springbrunnen stehen verschiedene Fontänenaufsätze zur Auswahl, hier ein Schaumsprudler.

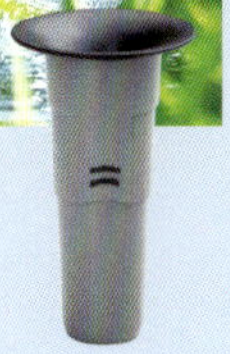

Der »Kelch«, auch »Wasserglocke« genannt, lässt sich in Höhe und Durchmesser stufenlos regulieren.

Den »Vulkan« gibt es mit in 25- bis 31-strahliger Version. Auch bei dieser Figur lässt sich die Höhe einstellen.

oder größere Steine dazu, sollten Sie einen Architekten oder Statiker nach der Tragfähigkeit des Balkons fragen. Verwenden Sie möglichst leichte Dekoelemente, Bimssteine und Blähton beispielsweise, zwei Materialien, die sich hervorragend zum Dekorieren eignen. Füllen Sie die Pflanz- und Auffanggefäße nicht bis zum Rand voll Wasser, sondern lassen Sie noch so viel frei, dass der Trog oder die Tonne beim nächsten Wolkenbruch nicht gleich überläuft. Bei selbst gebauten Behältern mit Folien-Abdichtung kommt es auch darauf an, für eine gleichmäßige Höhe der Ränder zu sorgen, damit das Wasser nicht an ungewollter Stelle über den Rand ausfließen kann.

Miniteich im Winter

Die Überwinterung von Wasserpflanzen ist nicht so schwer, wie es auf den ersten Blick scheint. Es gibt verschiedene Möglichkeiten: Sie lassen die Kübel mit dem Wasser und den Pflanzen einfach stehen, stellen ein Bündel Rohrhalme hinein oder bedecken den Wasserspiegel zur Hälfte mit einer dicken, durch ein Gewicht beschwerten Styroporplatte. Anschließend ummanteln Sie die Gefäße mit Noppenfolie. So friert das Wasser nicht so leicht durch. Bildet sich Eis, so weicht es dahin aus, wo ihm am wenigsten Widerstand entgegengesetzt wird.

Kostbare Steingut- oder Terrakottagefäße sollten Sie allerdings rechtzeitig vor dem Wintereinbruch ausräumen und umgedreht auf Holzklötze stellen, damit der Rand nicht auf dem Boden festfriert.

Die Wasserpflanzen überwintern Sie vorübergehend in Mörteltrögen. Exotische Wasserpflanzen wie Wassersalat und Wasserhyazinthe müssen allerdings im Warmen und bei Licht in einer mit lehmiger Erde und etwas Wasser gefüllten Schale überwintert werden (siehe auch Seite 33). Elektrische Pumpen werden in den frostfreien Keller in einen mit Wasser gefüllten Eimer gestellt. Sobald im nächsten Frühjahr dann keine Gefahr mehr besteht, dass die Tröge ganz durchfrieren, können Sie alles wieder ins Freie räumen.

FORMAL

KEIN WOHNGARTEN OHNE TEICH

Die Quellennymphe Echos hatte es auf den schönen Jüngling Narziss abgesehen. Doch der verschmähte ihre Liebe. So straften ihn Nemesis und Aphrodite: Als er sich zum Trinken über eine Quelle beugte, verliebte er sich in sein eigenes Spiegelbild. Diese unerfüllbare Liebe zehrte ihn so auf, dass er starb und daraufhin in eine Narzisse verwandelt wurde. Wen fesselt es nicht, das eigene Spiegelbild im Wasser, wenn nicht zur Strafe für die Ewigkeit, so doch zumindest für einige Augenblicke.

Jede Wasserfläche ist ein Spiegel, ein Wasserspiegel, der seine Umwelt abbildet: die Wolken am Himmel, grazile Gestalten von Gräsern am Teichrand wie das *Miscanthus* oder aber mächtige Solitärstauden wie den

Spiegelbilder, die reflektierende Abendsonne und ein angenehmes Kleinklima schaffen eine besonders reizvolle Atmosphäre am Ufer eines Gartenteichs.

Der formale Teich leitet vom Sitzplatz und den Wegflächen aus in die Randbepflanzung des Gartens über und bildet den ruhigen Mittelpunkt des Gartens.

Wasserdost, ebenso eine Skulptur oder die Fassade des Wohnhauses sowie all die Menschen, die an den Rand des Beckens treten und gleich Narziss ihr Ebenbild im Wasser erblicken – für alle eröffnet sich im Gartenteich eine neue Dimension.

Reflexion und Kleinklima

Wie ein Spiegel reflektiert Wasser das Sonnenlicht. Bei tief stehender Sonne im Winter und günstig platziertem Wasserbecken kann ein sonst schattiges Atrium erhellt werden, wenn die Sonnenstrahlen auf das Wasser treffen. Der Wasserspiegel wirft das Sonnenlicht durch die Fenster ins Wohnzimmer. Vom Wasser reflektiertes Licht erwärmt das Innere eines Wintergartens.

Wasser speichert Sonnenwärme und gibt sie allmählich an seine Umgebung ab, wenn die Sonne längst untergegangen ist oder den heißen Sommertagen eine Periode mit bedecktem Himmel folgt. Gartenteiche verdunsten Wasser und reichern die Umgebung mit Luftfeuchtigkeit an, kühlen die heiße Sommerluft ab und gleichen so Temperaturextreme aus.

Wasser strahlt Ruhe aus, egal ob es still steht oder beschaulich plätschert. Die wohltuende Frische genießen wir besonders in der Nähe eines kleinen Springbrunnens oder eines künstlichen Bachs im Garten. Wasser zieht immer Menschen an, die sich am Brunnen oder Teich niederlassen, um auszuruhen, zu entspannen. Was wäre ein Wohngarten ohne Wasser?

TIPP

Setzen Sie sich zu verschiedenen Jahres- und Tageszeiten an einen Teich in einer öffentlichen Parkanlage, der in seiner Form und Größe auch in Ihren Garten passen könnte, und lassen Sie die Atmosphäre auf sich wirken. Dann stellen Sie sich vor, wie Sie einen ähnlichen Teich in Ihrem Garten gestalten und einbetten könnten.

Kleine Teiche groß in Form

Wasser ist Balsam für Augen, Ohren und Seele. Es dient zahllosen Pflanzen und Tieren als Lebensraum, als Nahrungsquelle und Stätte der Fortpflanzung. Seerosen, die Königinnen des Wassers, lassen ihre sternähnlichen und tassenförmigen oder kugeligen weißen, rosa und roten Blüten auf dem Wasserspiegel schwimmen, Libellen umschwirren Rohrkolben, und nicht selten stellen sich Frösche ein. Die Tiere gewöhnen sich an die Menschen in ihrer Nähe. An einem Sommermorgen beim Frühstück auf der Terrasse, am Sonntagnachmittag beim Kaffee oder beim Dämmerschoppen am Teichrand können wir ihrem Treiben zusehen. Bei einer ausreichenden Größe und technischer Ausstattung mit Pumpe und Filter können wir sogar bunte Zierfische im Wasserbecken halten. Wasser passt in jeden Garten. Man möchte meinen, ein Garten ohne Teich wäre nicht vollständig. Ihm würde ein wichtiges, unabdingbares Element fehlen.

Das quadratische Becken als attraktiver Endpunkt des Gartens. Dekorativ wurden Seerosen, Wassersalate, eine Binse und schwimmende Kugeln angeordnet.

Formal oder naturnah?

Mit der Planung ihres Hauses entscheiden sich Bauherren bereits für einen bestimmten Stil, zum Beispiel für einen bäuerlich anmutenden Landhausstil oder moderne geradlinige Architektur. Und nicht selten wird die Gestaltung des Gartens dem Baustil des Hauses angepasst.

Wasser bietet immer einen Anziehungspunkt im Garten. Deshalb legt man den Gartenteich am besten in der Nähe der Terrasse oder eines anderen Sitzplatzes an. Der Teich, Bach oder Springbrunnen kann einen Mittelpunkt im Garten bilden, dem andere Bereiche zugeordnet werden. Wasser kann sogar das Hauptthema eines Gartens sein, es kann den Wohnraum im Freien neben den Sitzplätzen fast gänzlich ausfüllen.

Bei der Planung eines Gartens legt man den Stil fest, zum Beispiel formal oder naturnah. Dabei versteht es sich von selbst, dass auch der Teich in seiner Form zum Stil des Gartens passt, also ein geradlinig rechteckiges Wasserbecken in einem naturnahen Garten ebenso fehl am Platze wäre wie ein naturnaher Teich in einem formal gestalteten Atriumgarten. Ein formales Wasserbecken, wie es im Übrigen auch hervorragend zu einer Jugendstilvilla passt, eignet sich zum Sammeln verschie-

dener Seerosen-Sorten oder exotischer Wasserpflanzen; man kann es aber auch als Zierfischbecken verwenden.
Hässlich nehmen sich kleine nierenförmige Wasserbecken aus. Sie wären im formalen Garten ein Fremdköper und harmonieren auch nicht mit dem Naturgarten – derartige »Schrumpfnieren« gibt es in der Natur nicht.

Ein runder Seerosenteich als Mittelpunkt des abgesenkten Sitzplatzes, dem sich das Pflaster, die Mauern und die Pflanzen unterordnen.

Optische Effekte der geometrischen Form

Wenn Ihnen die strengen Formen eines Quadrats oder Rechtecks nicht zusagen, dann wählen Sie die kreisrunde oder eine ovale Grundrissform. Ein solches Wasserbecken sollte einen Mittelpunkt bilden, an den die nähere Umgebung, also das Pflaster, die Randbeete, der Sitzplatz stilistisch anschließt. Bei dieser Form bietet es sich beispielsweise an, den Gartenbereich um den Teich herum etwas abzusenken, sodass der Charakter eines ruhenden Pols in der Mitte des Gartens entsteht.
Ein quadratisches Becken kann dagegen den Mittelpunkt eines Atriumhofs bilden, um den alle anderen Gartenelemente herum gruppiert werden. Reizvoll sind auch mehrere quadratische Becken, die in einer Linie, diagonal oder ineinander verschachtelt angeordnet sind.
Mit Hilfe geometrischer Beckenformen können Sie optische Effekte erzielen: Blicken Sie zum Beispiel von der Terrasse auf einen Garten mit geringer Tiefe, so lässt sich der Abstand zur gegenüberliegenden Gartengrenze optisch vergrößern, wenn Sie von der Schmalseite auf ein lang gezogenes rechteckiges Wasserbecken schauen. Umgekehrt können Sie mit einem quer durch den Garten angelegten Wasserbecken die Blickachse eines lang gezogenen Handtuchgartens verkürzen, ohne ihn dadurch kleiner erscheinen zu lassen.

Wie ein Kanal, der weit über die Gartengrenzen hinausführt, mutet dieser lange Teich an. Mit der Flora am anderen Ufer lässt er den Garten optisch größer erscheinen, als er ist.

Ein gesundes Kleinklima erzeugt dieser Springbrunnen in der Mitte des Bauerngartens. Gemüse, Stauden und Gehölze gedeihen in dieser Atmosphäre ausgesprochen üppig.

Springbrunnen und Wasserspiele

Wie leicht es ist, einen kleinen Sprudelstein oder Springbrunnen zu installieren, wurde bereits im vorigen Kapitel unter dem Thema Mini-Wassergarten auf dem Balkon dargelegt. In einem formalen Garten kann ein Wasserspiel unterschiedlich groß angelegt sein und verschiedene Funktionen erfüllen.

Bereits ein Wandbrunnen bildet einen dekorativen Blickpunkt an einer Hauswand oder Gartenmauer. Und selbst der kleinste Sprudelstein lädt zum Verweilen ein. Er bekommt einen Platz, an dem man ihn bequem betrachten und sich an dem gleichmäßigen Geplätscher erfreuen kann. Ein Springbrunnen kann den Mittelpunkt einer gepflasterten Fläche bilden oder vom Terrassenpflaster zum Rasen oder Staudenbeet überleiten.

Wasserspiele zeigen sich in den unterschiedlichsten Gestalten: als lautlos sprudelnde Quelle aus einem Stein wie auch als Fontäne in der Mitte eines Wasserbeckens. Die Industrie bietet dazu eine leicht zu installierende Technik an, die ihrerseits aber eine breite Palette unterschiedlicher Variationen zulässt: Der Sprudelstein, ein durchbohrter Naturstein oder ein alter (oder nachgemachter) Mühlstein, aus dessen Mitte es sachte und gemächlich plätschert, vermittelt den Eindruck einer nie versiegenden Quelle. Eine andere Wasserfigur erzeugt die Fontäne, die zunächst als senkrechter Strahl in die Höhe schießt und dann in sachtem Bogen zur Seite hin abfällt oder die aus mehreren dicht aneinander gereihten Düsen austritt und einen feinen Sprühnebel verbreitet. Blickt man aus einem bestimmten Blickwinkel durch einen solchen Strahl gegen die Sonne, so zeigt sich mitunter ein Regenbogen.

Beruhigend fürs Auge ist eine Wasserglocke. Sie fügt sich in die Geometrie der Gartenumgebung ein und strahlt eine beständige optische Harmonie aus.

Abgestuft ineinander verschachtelt sind diese Becken angeordnet, aus deren oberstem das Wasser sprudelt und sachte in das jeweils darunter liegende rieselt.

Ein Springbrunnen ist aber auch Ohrenschmaus, man könnte sagen: Wassermusik. Zwar hat die von Georg Friedrich Händel anno 1715 komponierte »Wassermusik« mit Wasser nur insofern etwas zu tun, als der englische König George I. sie auf der Themse anhören wollte. Doch schon der Name ist Musik. Und die »Moldau«, von Smetana weniger in der Absicht komponiert, das Plätschern, Rauschen und Brausen des Stroms zu beschreiben, als vielmehr dem tschechischen Volk ein Denkmal zu setzen, fasziniert stets aufs Neue.

Lassen Sie sich einfach einmal von dem Gedanken inspirieren, dass bewegtes, rauschendes, plätscherndes, murmelndes, gurgelndes Wasser Musik ist, und achten Sie bei der Auswahl Ihres Wasserspiels auch auf den Klang. Bei manchen Gartencentern sind verschiedene Musteranlagen in Betrieb.

Wassermusik und frische Luft

Ein Springbrunnen kann im wahrsten Sinne des Wortes beruhigend wirken, vor allem dort, wo Lärm aus der Umgebung in den Garten dringt. Natürlich kann auch das größte Wasserspiel den Lärm nicht beseitigen, aber mit seinem Sprudeln und Plätschern ein angenehmes Geräusch dagegensetzen und den unterschwelligen Lärm einer benachbarten Straße ein Stück weit neutralisieren. Vielleicht lässt sich auch eine Lärmschutzwand sinnvoll durch einen Springbrunnen ergänzen, der den gedämpften Lärm überplätschert.

Hauswände und große Pflasterflächen strahlen Sonnenwärme ab. Im Sommer können sie sich derart aufheizen, dass der Aufenthalt auf der Terrasse nahezu unerträglich wird. Die trocken-heiße Luft macht Mensch und Tier und auch den Pflanzen zu schaffen und verleidet an heißen Sommertagen das Verweilen auf der Terrasse oder im Atrium.

Mehr noch als still stehendes Wasser reichert ein Sprudelstein, eine Fontäne oder ein fein zerstäubender Springbrunnen die warme Luft mit Feuchtigkeit an. Er strahlt Frische aus. Das in die Höhe gesprühte Wasser vermischt sich mit der unmittelbar umgebenden Luft. Diese kühlt ab, und das Klima auf der Terrasse oder im Atrium wird angenehmer. Unter diesem Aspekt platziert man das Wasserspiel am besten dort, wo es im Sommer am heißesten wird.

Mit einem Wasserspiel können Sie viele verschiedene Effekte erzielen. Es lohnt sich also, darüber nachzudenken, welche Atmosphäre der Springbrunnen oder Sprudelstein hervorrufen soll.

Leise plätschernd rieselt das Wasser durch die Lamellen dieses kugelförmigen Springbrunnens, um sich auf dem Kiesbett zu sammeln.

Licht im Teich

Die bunten Unterwasserleuchten, die in unechten Regenbogenfarben nachts den Springbrunnen anstrahlen – dieses Relikt aus dem vorigen Jahrtausend ist Gott sei Dank passé. Inzwischen gibt es Natürlicheres und Schöneres für alle diejenigen, die anlässlich einer sommerlichen Gartenparty ein paar Lichter auf dem Teich entzünden wollen.

Am schönsten und stimmungsvollsten sind Kerzen, deren Lichter auch ruhig ein wenig flackern dürfen, wenn sie der Wind nur nicht ausbläst. Eine Glasschale mit einem leicht erhöhten Rand schwimmt auf dem Wasser, und das hineingestellte Teelicht ist dennoch vor dem Wind geschützt. Wählen Sie ein schlichtes, farbloses Glas. Nur auf den Kerzenschein kommt es schließlich an. Wer nicht nach zwei, drei Stunden die Kerzen austauschen will, kann auch elektrische Teichleuchten auf den Wasserspiegel legen. Achten Sie dabei jedoch unbedingt immer auf eine Lichtqualität, die den Insekten nicht schadet.

Ein paar geschickt angeordnete, im Wasser reflektierende Lichter versetzen die nächtlichen Partygäste am Gartenteich in eine besonders romantische Stimmung.

Tierfreundliches Licht

Elektrische Lampen können für unzählige Nachtfalter und andere Insekten den sicheren Tod bedeuten. Insekten werden nachts bekanntlich vom Licht angezogen. Das künstliche Licht irritiert die Tiere, und wo sie der Glühbirne oder Leuchtstoffröhre zu nahe kommen, verbrennen sie unweigerlich. Deshalb sollte eine Außenbeleuchtung mit Bedacht eingesetzt werden. Gartenleuchten müssen den Garten und somit auch den Teich nicht taghell erleuchten. Bei der Straßenbeleuchtung hat man herausgefunden, dass gelbe Lampen wenig Insekten anlocken. Außerdem sollten die Außenleuchten möglichst nur nach unten abstrahlen. Trotz aller Vorsichtsmaßnahmen werden nachtaktive Tiere immer durch künstliches Licht irritiert, weshalb man den Teich nur zu besonderen Gelegenheiten illuminieren sollte.

Seerosenteich

Die Rose gilt als Königin der Blumen. Mit Recht, denn es gibt wohl kaum eine andere Pflanzengattung, deren Sorten von Ende Mai bis in den November hinein in derart reicher Vielfalt der Farben und Formen blühen. Im Wasser sind die Seerosen den Rosen an Land vergleichbar. Nicht ohne Grund heißen sie See*rosen* und werden eben gerade darum als Königinnen des Wassers bezeichnet. Wie Rosen weisen sie eine kaum überschaubare Fülle von Sorten mit unterschiedlichen Blütenformen und -farben auf, und auch die Blütezeit erstreckt sich, bezogen auf das gesamte Sortiment, über einen ähnlich langen Zeitraum wie bei den Rosen.

Seerosen sind größtenteils sehr anpassungsfähige und robuste Pflanzen. Unter den Arten und unzähligen Sorten gedeihen die meisten in Wassertiefen von weniger als 50 Zentimetern. Die Zwerg-Seerose (*Nymphaea tetragona*) begnügt sich sogar mit einem Wasserstand von nur zehn Zentimetern. Auch Winterschutz benötigen Seerosen, von wenigen Ausnahmen abgesehen, nicht. Man braucht sie weder im Herbst aus dem Wasser zu holen und in den Keller zu stellen, noch müssen die Pflanzkörbe zur gefahrlosen Überwinterung in tiefere Wasserzonen gerückt werden. Derartige Vorsichtsmaßnahmen sind lediglich bei tropischen Seerosen angesagt.

Die im Handel gängigen Seerosen-Sorten stammen fast alle von heimischen Seerosen-Arten ab und sind somit in unseren Breiten »frostfest«. Gelb und orange blühende Sorten können in Landstrichen mit langen Wintern und anhaltenden Frösten, bei denen flache Teiche bis zum Boden durchfrieren, allerdings Schaden erleiden.

Auf der einen Seite geradlinig begrenzt, auf der anderen naturnah eingebunden, leitet dieser Seerosenteich von der architektonisch gestalteten Terrasse in den naturnahen Wildgarten über.

Sortenwahl nach Wassertiefe

Wenngleich Seerosen im Allgemeinen nicht unbedingt tiefes Wasser brauchen, so muss doch bei der Auswahl der Sorten auf die richtige Wassertiefe geachtet werden. Das Spektrum der Seerosen-Sorten reicht für Wassertiefen von zehn Zentimeter bis 1,20 Meter. Seerosen, die im tie-

TIPP

Kaufen Sie Seerosen nur in Wasserpflanzen- und Staudengärtnereien oder in Gartencentern, in denen die angebotenen Sorten namentlich gekennzeichnet sind und bei denen die geeignete Wassertiefe angegeben ist. Die Angabe der Blütenfarbe allein ist wenig hilfreich.

Eine dankbar blühende Seerose ist 'Froebelii'. Ihre karminroten Blüten öffnen sich nie vollständig, jedoch erfreuen sie uns bis in den Abend. 'Froebelii' gedeiht im 30–40 cm flachen Wasser.

Die Zwerg-Seerose *Nymphaea tetragona* braucht nur eine Wassertiefe von 10–30 cm. Die kleinen weißen, duftenden Blüten erscheinen von Juni bis in den Spätherbst hinein.

Die zinnoberroten, sternförmigen Blüten der Sorte 'Newton' können bis zu 15 cm Durchmesser haben. 'Newton' gedeiht am besten in 40–60 cm Wassertiefe.

fen Wasser gedeihen, sind zugleich die starkwüchsigen, die fürs flache Wasser empfohlenen dagegen zierlicher und schwachwüchsiger. Pflanzt man eine starkwüchsige Seerose in einen flachen Teich, so wird sie das Gewässer sehr schnell mit ihren Blättern erobern. Man sieht es der Seerose regelrecht an, dass sie gewohnt ist, in einem großen und tiefen Gewässer zu wachsen, denn ihre großen Blätter drängen sich dicht an dicht und ragen bald über den Wasserspiegel hinaus. Umgekehrt haben es die schwächer wachsenden Seerosen nicht leicht, aus einer größeren Wassertiefe mit ihren Blättern an die Oberfläche zu gelangen. Von Blüten ganz zu schweigen. Achten Sie also beim Kauf von Seerosen unbedingt auf die angegebene Wassertiefe.

Die richtige Wassertiefe

Wer sich in die Wassernymphen verliebt hat und sie im eigenen Gartenteich sammeln will, braucht für die großen, stark wachsenden Sorten viel Platz.

In einem kleinen, formal gestalteten Garten bieten sich kleine Becken mit 50 Zentimeter Tiefe an. Wählen Sie dafür Sorten aus, die in 20 oder 40 Zentimeter Tiefe gedeihen. Die unterschiedlichen Wassertiefen können Sie herstellen, indem Sie an den entsprechenden Stellen Steine aufschichten, bis die für die Sorte benötigte Tiefe erreicht ist. Es empfiehlt sich, die Seerosen in Körbe zu pflanzen (siehe Seite 78). So lassen sie sich leichter auch in unterschiedlicher Tiefe platzieren. Die geeignete Wassertiefe wird von der Oberkante der Pflanzkörbe zum Wasserspiegel gemessen.

Sammler-Seerosen für formale Teiche bis 60 cm Tiefe

Sorte	Blütenform	Blütenfarbe	Blattzeichnung	Wassertiefe[1])	Platzbedarf/m²	Bemerkungen
'Aurora'	offene tassenförmige Blüte	gelblich-weiß-orange ins Rosa und Purpurrot übergehend	schwarzbraun marmoriert auf dunkelgrünem Grund	20–40	0,25–0,30	Zwergsorte für kleine Teiche
'Chrysantha'	fast kugelförmig	gelblich, außen orangerot	dunkel braunrot marmoriert auf dunkelgrünem Grund	20–30	<0,20	schwach blühend, Zierde besteht mehr in der Blattzeichnung
'Comanche'	tassen- bis sternförmig	apricot bis dunkelrot	hell- bis dunkelgrün, strichartige Zeichnung	20–40	0,25–0,30	blüht nur bei warmem Wetter befriedigend
'Comte de Bouchard'	tassenförmig	gelb bis orange	dunkelbraun marmoriert auf grünem Grund	20–40	0,25–0,30	leicht süßlich duftend
'Ellisiana'	tulpen- bis strahlenförmig	dunkelrot	dunkelgrün mit dunkelbraunen Streifen	30–40	0,25–0,30	frühblühend, jedoch anfällig für Knollenfäule
'Froebelii'	kelchförmig	karminrot	junge Blätter rötlich mit dunkler Marmorierung	30–40	0,25–0,30	blüht reich und zuverlässig
'Indiana'	sternförmig	gelblich bis orangerot	olivgrün mit dunkelbraunen Flecken	20–40	0,25–0,30	liebt warmen Standort, braucht Winterschutz
'Laydekeri Fulgens'	tulpen- bis tassenförmig	weinrot	grün	30–40	0,25–0,30	Zwerg-Seerose für flaches Wasser
'Laydekeri Lilacea'	schalenförmig	lilarosa, innen karminrot	dunkelgrün mit schwarzbraunen Flecken	30–40	0,25–0,30	Zwerg-Seerose für flaches Wasser
'Laydekeri Purpurata'	kreisrund	karminrot, außen heller	grün mit dunkelbraunen Flecken	30–40	0,25–0,30	Zwerg-Seerose für flaches Wasser
'Mme. Maurice Laydeker'	sternförmig	kirschrot	grün	30–40	0,50	für kleine Becken oder Schalen
'Maurice Laydeker'	tassenförmig	orange bis kirschrot	grün mit rötlichem Rand	30–40	0,25–0,30	Zwerg-Seerose für kleine Becken
'Newton'	strahlenförmig	zinnoberrot	grün mit rötlichem Rand	40–60	0,50	auffällige über dem Laub stehende Blüten
'Phoebus'	tassenförmig	orange bis kupfer	dunkelgrün, kräftig dunkel marmoriert	40–50	0,25–0,30	Zwerg-Seerose
'Princess Elizabeth'	sternförmig	cyclamenrosa	dunkelgrün	40–60	0,50	duftend
'Robinsoniana'	tassenförmig	hellorange mit weiß	gelbgrün mit dunkelpurpurnen Flecken	30–40	0,25–0,30	Zwerg-Seerose
Nymphaea tetragona	schalenförmig	weiß	dunkelgrün	20	<0,20	für kleine flache Becken, Duft
Nymphaea tuberosa var. *rosea*	sternförmig	rosa	dunkelgrün	30–40	1,00	blüht vom Vormittag bis zum späten Abend

[1]) in Zentimeter

Exotische Seerosen und andere Wasserpflanzen

Vielleicht haben Sie auf einer Reise in tropische Gebiete oder im Tropenhaus eines botanischen Gartens Lotosblumen und andere tropische Wasserpflanzen bewundert. Die meisten dieser wärmebedürftigen Schönheiten lassen sich nur in beheizten Gewächshäusern, so auch in Kleingewächshäusern und Wintergärten halten. Einige gedeihen mit etwas gärtnerischem Geschick unter günstigen Bedingungen aber auch im Freien.

Für die meisten Seerosen aus warmen Ländern reicht eine Wassertiefe von 60 bis 80 Zentimetern aus. Der Standort muss absolut sonnig sein. Vor allem im Frühjahr muss sich das Wasser schnell erwärmen, damit sich die Pflanzen zügig entwickeln und rechtzeitig zur Blüte kommen. Exotische Wasserpflanzen setzt man zweckmäßigerweise in Körbe, denn sie müssen zur Überwinterung an einen frostfreien Ort getragen werden. Als Erde dient wie bei anderen Wasserpflanzen eine Mischung aus Lehm und Sand. Da der Nährstoffbedarf bei den Exoten etwas größer ist als bei den von heimischen Seerosen abstammenden Sorten, mischt man eine Prise Hornspäne in die Erde. Bei diesem organischen Dünger werden die Nährstoffe langsam, nach dem Bedarf der Pflanzen abgegeben. So gelangen sie nicht ins Wasser, sondern werden von den Seerosen aufgenommen.

Neben den exotischen Seerosen gibt es noch einige andere Wasserpflanzen aus tropischen und subtropischen Gewässern, die ebenfalls im Teich gedeihen, jedoch nicht ohne Winterschutz auskommen. Beispiele sind Papyrus, Zypergras und Zimmerkalla. Diese Pflanzen werden in Gefäße gesetzt und den Sommer über in den Teich gestellt. Zum Winter hin nimmt man sie wieder heraus.

Wärmebedürftige Schwimmpflanzen wie Wasserhyazinthe und Wassersalat sowie Feenmoos müssen ebenfalls vor Frost geschützt werden. Ideal lassen sie sich im Wintergarten oder im Kleingewächshaus überwintern, wo das Becken nicht durchfriert. Einige Lotosblumen können ganzjährig im Freien bleiben. Allerdings darf ihre Knolle mit dem Wurzelwerk nicht zufrieren. Für andere werden von den Wasserpflanzengärtnern unterschiedliche Methoden empfohlen: Überwinterung der

In formalen Wasserbecken kommen die tropischen Seerosen besonders zur Geltung. Unter günstigen Wärmebedingungen können sie auch im Teich überwintern.

trockenen Knolle im Keller, im Freien oder das Hereinholen der Pflanzgefäße in einen frostfreien Kelleraum.
Entschließen Sie sich für die Überwinterung im Freien, so gibt es auch dafür verschiedene Möglichkeiten.

Überwinterung

Wenn das Wasser im Becken gefriert, müssen die Wurzelstöcke von Frost verschont bleiben. Kleine Wasserbecken können mit einem Gerüst und darüber gelegten Frühbeetfenstern oder einer Noppenfolie geschützt werden. Bei größeren Becken könnte man den Wasserspiegel im Winter um gut 20 bis 30 Zentimeter anheben, sofern noch genügend Platz unter dem Rand ist. Die Eisdecke wird selten dicker, und darunter entsteht ein Luftpolster zwischen Eis und Wasserspiegel, sodass die Wurzelstöcke auf jeden Fall vom Frost verschont bleiben. Sobald im Frühjahr ein weiteres Zufrieren des Teichs nicht mehr zu erwarten ist, senkt man den Wasserspiegel wieder so weit ab, dass über der Oberfläche des Pflanzkorbs nur noch etwa 10 bis 15 Zentimeter Wasser stehen bleibt. Diese dünne Wasserschicht erwärmt sich in der Sonne recht schnell, sodass die Pflanzen bald austreiben. Diese Methode hat allerdings drei Nachteile: Erstens, wohin mit dem abgepumpten Wasser? Zweitens sieht ein Wasserbecken, bei dem der Wasserspiegel in 30 Zentimeter Tiefe beginnt, nicht gerade ansprechend aus, und drittens: die hohe Wasserrechnung.
Bei einer anderen Methode mit dem gleichen Effekt bleibt der Wasserspiegel immer konstant, dafür brauchen Sie jeweils im Frühjahr und Herbst mindestens zwei kräftige Helfer und Fischerhosen: Sie bauen ein flaches Wasserbecken, in dem die Pflanzgefäße dünn mit Wasser überdeckt sind. Auf dem Boden des Beckens befinden sich jedoch Vertiefungen, in die die Gefäße im Winter abgesenkt werden können. Dazu müssen die Helfer mit Fischerhosen in das Wasser steigen. Doch da das Wasser insge-

Die Blaue Seerose *(Nymphaea* x *daubenyana)* ist eine besondere exotische Schönheit. Ab Mai pflanzt man sie in Wasserbecken, wo sie willig blüht.

TIPP

Messen Sie die Wassertemperaturen in verschiedenen Tiefen Ihres Beckens. Siedeln Sie die Pflanzen möglichst in einer Tiefe an, wo die Temperatur im Sommer selten unter 12 °C absinkt. Zur Überwinterung kommen die Seerosenknollen ins Haus oder in tiefes Wasser.

samt flach ist, gestaltet sich die Arbeit nicht so mühsam. Im Frühjahr legt man über die Vertiefungen zwei kräftige Balken oder Eisenträger, auf die die Pflanzgefäße gestellt werden. Im Herbst wird das Gefäß von zwei Helfern angehoben, eine dritte Person zieht die Träger weg, und man kann die Gefäße absenken. Die Körbe im nächsten Frühjahr wieder hervorzuholen, ist etwas mühsamer. Eine letzte Möglichkeit besteht darin, die Pflanzgefäße ins Haus zu holen und im frostfreien Keller oder in Wasserkübeln im frostfreien Gewächshaus oder Wintergarten zu überwintern.

Andere exotische Wasserpflanzen wie Papyrus, Zypergras und Zimmerkalla können bei entsprechender Luftfeuchtigkeit auch im warmen Wohnzimmer überwintern. Schwimmpflanzen wie die Wasserhyazinthe oder den Wassersalat stellt man am besten in einer mit etwas lehmiger Erde gefüllten flachen Schale und nur wenig Wasser auf die Fensterbank bei normaler Wohnzimmertemperatur. Auch in einem Aquarium mit einer Pflanzenleuchte können diese beiden Arten sowie das Feenmoos überwintern. Letzteres ist übrigens so robust, dass es mitunter auch den Winter im Freien überdauert.

Diese beliebten Wasserpflanzen aus den Tropen und Subtropen blühen einen ganzen Sommer lang in unseren Teichen oder in Mini-Wassergärten in Kübeln. Sie müssen allerdings fast ausschließlich im temperierten Gewächshaus, im Wintergarten oder im Wohnhaus überwintert werden. Es sind von oben links nach unten rechts: die Blaue Seerose *(Nymphaea* x *daubenyana)*, Papyrus *(Cyperus papyrus)*, Wasserhyazinthe *(Eichhornia crassipes)*, Wassermohn *(Hydrocleys nymphoides)*, Lotosblume *(Nelumbo nucifera)* und Wassersalat *(Pistia stratiotes)*.

Exotische Seerosen und andere nicht winterharte Wasserpflanzen

Deutscher Name	Botanischer Name	Blütezeit[1]) und Farbe	Wasser-tiefe in cm	Eigenschaften	Überwinterung
Amerikanischer Eidechsenschwanz	*Saururus cernuus*	7–9 weiß	10	herzförmige Blätter bis 1 m hoch	im flachen offenen Wasser oder Frostschutz
Eidechsenschwanz	*Houttuynia cordata*	8 weiß	Sumpf	Ausläufer treibend	im Haus
Feenmoos	*Azolla mexicana*	keine	beliebig	Schwimmpflanze, wuchernd	überdauert meist den Winter
Großblütige Ludwigie	*Ludwigia clavelliana* var. *grandiflora*	6 gelb	30–50	Schwimmblattpflanze	im offenen Wasser oder bewurzelte Triebe eintopfen, hell in flachem Wasser frostfrei stellen
Laugenblume	*Cotula coronopifolia*	6–8 gelb	5 sowie Sumpf	sät sich selber aus	Selbstaussaat oder im Gefäß in frostfreiem Raum
Lotosblume	*Nelumbo lutea* u. a.	6–8 weiß, gelb, rosa, rot	50–80	Schwimmblattpflanze, wärmebedürftig, zusätzlich Heizung oder Gewächshaus	im beheizten Gewächshaus oder im Freien Teich mit Folie oder Fenstern abdecken
Molchschwanz	*Saururus chinensis*	7–8 weißgelb	10 und Sumpf	bildet Rhizome, zieht im Herbst ein	mit Laub abdecken oder in Kaltgewächshaus
Papageienfeder	*Myriophyllum brasiliense*	keine	Sumpf oder Unterwasser	wächst bei Wärme am besten	hell und warm in einer flachen Schale mit Wasser
Papyrusstaude	*Cyperus papyrus*	keine	10–50	bis 2 m hoch	15–18 °C an hellem Platz im Haus
Scharlachrote Lobelie	*Lobelia cardinalis*	7–8 rot	10	60–80 cm hoch	Laubschüttung oder heller frostfreier Raum
Schwimmfarn	*Salvinia natans*	keine	Schwimm-pflanze	überwintert durch Sporen am Gewässerboden (nicht sicher)	in Schalen in frostfreiem hellen Raum, im Frühjahr wärmer stellen
Sumpf-Eibisch	*Hibiscus moscheutos*	7–9 weiß, rosa, rot	Sumpf-pflanze	malvenähnliche Blüten, Sumpf und feuchtes Ufer	unter Laubschüttung
Tropische Seerose	*N.* × *daubenyana* *N. stellata*	6–8 hellblau	60–80	gedeiht an warmem Standort gut im Freien	Absenken des Pflanzkorbs, sonst im Haus oder Gewächshaus
Wasserhyazinthe	*Eichhornia crassipes*	8–9 hellviolett	Schwimm-pflanze	vermehrt sich stark in nährstoffreichem Wasser und bei Wärme	bei 10–15 °C an hellem Standort in ca. 25 cm hohen Schalen: lehmige Erde und etwas Wasser
Wassermohn	*Hydrocleys nymphoides*	6–10 gelb	0–50	Ausläufer treibend, auf Sumpfboden und im Wasser, im Freien erst ab 20 °C Tagestemperatur	mäßig feucht, hell bei 12 °C, nachts bis 5 °C
Wassersalat	*Pistia stratiotes*	keine	Schwimm-pflanze	samtartige Rosetten, vermehrt sich schnell in warmem, nährstoffreichem Wasser	wie die Wasserhyazinthe s. o.
Zimmerkalla	*Zantedeschia aethiopica*	6–7 weiß	10 und Sumpf	bekannt als Zimmerpflanze, gedeiht im Sommer im Sumpf und flachen Wasser	unter Laubschüttung oder im unbeheizten Gewächshaus, trocken halten, ab März vortreiben
Zypergras	*Cyperus alternifolius*	7–8 grünlich	10–20	bekannt als Topfpflanze, gedeiht gut im Wassergarten	frostfrei und hell im beheizten Gewächshaus oder Wohnzimmer

[1]) in Monaten

Bauweisen für formale Teiche

Bei formalen Teichen legen wir Wert auf die exakte geometrische Grundrissform, also auf ein Quadrat, ein Rechteck oder einen Kreis. Die Ecken und Winkel müssen genau abgesteckt werden, sonst ist die Optik eines formalen Gartens gestört. Bei einem Kreis sucht man einen Mittelpunkt und schlägt dort einen Pflock in den Boden. Daran wird eine Schnur befestigt und an deren Ende ein Stab, mit dem man nun wie mit einem Zirkel um den Pflock in der Mitte einen Kreis schlägt.

Um ein exaktes Quadrat oder Rechteck abzustecken, errichtet man ein Schnurgerüst (siehe Grafik).

Gemauerte Becken

Hierfür wird zunächst eine Grube in Form des gewünschten Beckens, jedoch mit einem »Bauraum«, also einer Erweiterung der Grube zum Arbeiten von 30 bis 50 Zentimeter ausgeschachtet.

Die Sohle der Grube muss glatt und eben (Richtscheid, Wasserwaage) planiert und wenn nötig mit dem Stampfer oder einer Rüttelplatte verdichtet werden. Anschließend gießt man eine Bodenplatte aus Beton. Dazu verteilt man rasterartig ein paar Betonsteine und legt darauf eine Baustahlmatte so aus, dass sie genau in der Mitte der späteren Bodenplatte liegt. Den Beton lassen Sie am bequemsten fertig von einem Betonmischwagen anfahren.

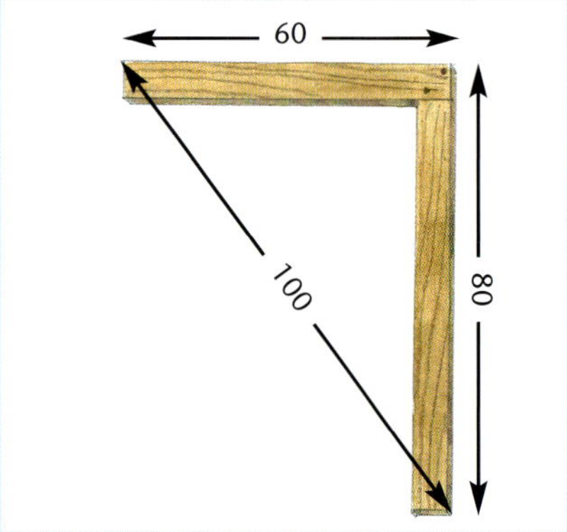

Mit dem Maß-Verhältnis 60 : 80 : 100 Zentimeter lässt sich exakt ein rechter Winkel abstecken, wie man ihn für quadratische und rechteckige Becken braucht

Hat der Beton abgebunden, wird an den Rändern der Bodenplatte eine Mauer aus Betonsteinen oder Vollziegeln errichtet. Hier muss sehr genau nach der Schnur gearbeitet werden, was in der Regel nur versierte Maurer können. Mit der fertigen Errichtung der Mauer ist das Becken aber noch nicht dicht. Es muss verputzt werden. Doch auch der Putz ist nicht automatisch wasserdicht. Auf den Putz trägt man mit dem Quast eine »Dichtschlämme«, auch »Betonschlämme« genannt, in zwei bis drei Anstrichen auf. Erst dieser Anstrich macht das Becken wasserdicht. Die Dichtschlämme ist wie Kalk oder Zement in Papiersäck verpackt und wird mit Wasser zu einem streichfähigen Brei angerührt. Natürlich kann man das gemauerte Becken auch mit einer Gartenteichfolie auskleiden. Dann erübrigt sich die Bodenplatte aus Beton. An-

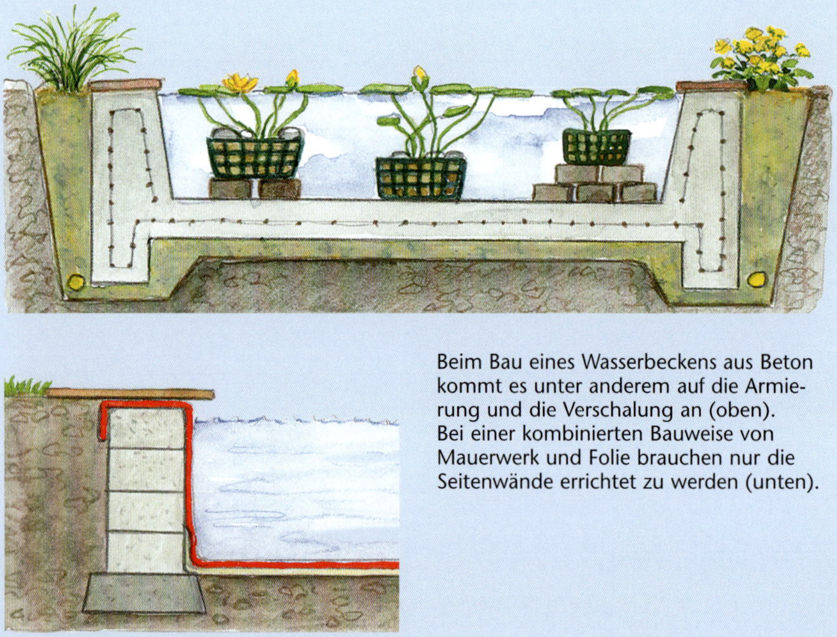

Beim Bau eines Wasserbeckens aus Beton kommt es unter anderem auf die Armierung und die Verschalung an (oben). Bei einer kombinierten Bauweise von Mauerwerk und Folie brauchen nur die Seitenwände errichtet zu werden (unten).

Leichter Einbau eines Fertigbeckens: Die Umrisse abstecken. Grube ausheben, Sohle sorgfältig glätten. Becken hineinstellen und waagerecht ausrichten.

schließend werden die Seitenwände auf Streifenfundamenten aus Beton errichtet. Allerdings schlägt die Folie immer Falten, wenn man sie einfach über die Mauern legt. Diese Falten sind auch später sichtbar und stören die Optik. Deshalb empfiehlt es sich, die Folie vom Fachmann an Ort und Stelle faltenfrei verschweißen zu lassen.

Betonbecken

Wasserbecken können natürlich auch ganz in Beton gegossen werden. Wichtig ist eine maßgenau positionierte Armierung aus Baustahlstreben und Matten und eine sorgfältige Verschalung. Auch das können nur Fachleute. Bestellen Sie wasserdichten Fertigbeton, streichen Sie aber das Becken zusätzlich noch mit einer Dichtschlämme.

Fertigbecken

Am leichtesten lässt sich ein Fertigbecken aus glasfaserverstärktem Kunststoff (GFK) im Garten installieren. Man stellt das Becken an der gewünschten Stelle auf den Boden, steckt die Umrisse ab und schachtet eine Grube aus, die rundherum einige Zentimeter größer als das Becken bemessen ist. Wichtig: Der Boden muss eben sein. Dann wird das Becken in die Grube gestellt. Während Wasser ins Innere läuft, schaufelt man in die äußeren Zwischenräume Sand, der anschließend eingeschlämmt wird. Fertigbecken aus GFK sind äußerst stabil und leicht einzubauen, allerdings sind sie nicht immer schön und in ihrer Größe begrenzt. Die Firma Kruk aus Hessisch Lichtenau bietet dazu Baukastensysteme an, mit denen man die Fertigbecken zwar unbegrenzt erweitern kann, doch ist man auch dabei auf nur wenige Elemente angewiesen.

Folienabdichtung

Natürlich können auch formale Teiche mit Teichfolie abgedichtet werden. Genaueres über Folien und ihren Einbau finden Sie auf Seite 76 f. Da es bei formalen Teichen auf eine exakte Kante ankommt, muss die Folie hier entweder wie bereits oben erwähnt mit einer Mauer kombiniert werden, oder man baut sie, wie auf Seite 76 beschrieben, mit Kapillarsperre am Ufer der Teichgrube ein und schafft den exakten optischen Rand durch etwas überstehende Steinplatten oder Holzstege. Die Folie sollte aber auch bei dieser Bauweise durch einen Fachmann faltenfrei verschweißt werden. Der Vorteil der Teichfolie besteht zum einen im geringen Preis und relativ leichten Einbau, zum anderen darin, dass sich diese Abdichtung jeder Größe und Form des gewünschten Teiches anpassen lässt.

Variationen formaler Teiche

Wer einen Garten plant, ist im Regelfall immer bestrebt, seinen Gartenraum zu gliedern: Entweder will man ein kleines Grundstück durch günstige Aufteilung möglichst gut nutzen oder einen großen Garten in mehrere Räume einteilen, die unterschiedlich gestaltet werden. Klare Linien und geometrische Formen geben dem Garten und allen darin geschaffenen Elementen optischen Halt. Eine einfache Form des formalen Gartens sind die alten Klostergärten, nach deren Vorbild die Bauerngärten entstanden sind: Ein Wegekreuz bildet in der Mitte einen kleinen runden Platz, auf dem sich nicht selten ein Brunnen befindet – es könnte auch ein kleiner runder Teich sein. Auch historische Gärten sind häufig symmetrisch formal angelegt, wobei Wasser immer ein gliederndes, ein trennendes und zugleich verbindendes Element darstellt. Es kommt dabei nicht auf Wasserpflanzen oder die Gestaltung des Teichs an sich an, sondern allein auf die Wasserfläche als Teil des Ganzen.

Wasserflächen eignen sich hervorragend dazu, einen Garten in verschiedene Bereiche zu unterteilen. Ein formaler Gartenteich kann den Mittelpunkt des Gartens

Ein Teich mit quadratischem Grundriss in einem englischen Garten. Das Becken ist durch eine Stufe leicht abgesenkt und sparsam mit Seerosen bepflanzt.

oder einen anderen besonderen Anziehungspunkt bilden, der durch strenge geometrische Linienführung hervorsticht. Nicht selten werden diese Wasserbecken durch eine Begrenzungsmauer erhöht angelegt und so aus dem umgebenden Gartenniveau herausgehoben.

Symmetrisch oder nicht?

Solche Becken sind gar nicht oder mit nur wenigen Pflanzen besetzt. Und am Rand des Beckens sowie in seiner näheren Umgebung werden mit einigen Gräsern, Kübelpflanzen oder Steinen sparsam, aber bewusst Akzente gesetzt.

Das Innere eines formalen Teichs kann unterschiedlich gestaltet sein: streng symmetrisch gegliedert, zum Beispiel durch einen Steg in zwei gleich große Hälften geteilt, mit zwei Fontänen oder zwei gleichmäßig verteilten Seerosen der gleichen Sorte. Andererseits lässt sich durch eine asymmetrische Anordnung der Pflanzen innerhalb des Teichs sowie außerhalb am Teichrand eine gewisse Spannung erzeugen, indem man auf der einen Seite flach auf dem Wasserspiegel liegende Seerosenblätter, auf der anderen Seite aber eine hohe Solitärstaude oder ein Gehölz platziert. Der quadratische, rechteckige oder auch runde Rand eines formalen Teiches bietet dem Inneren, dem Spiegelbild, den See-

Dieser rechteckige Teich wurde vollkommen symmetrisch gestaltet: Der Übergang aus Schrittplatten teilt ihn in zwei gleich große Bereiche mit je einem Quellsprudel.

Bei diesem lang gestreckten Teich liegt die Spannung in den Gegensätzen: Die geraden Randlinien werden durch überbordende Stauden durchbrochen, innen sieht's sehr natürlich aus.

rosen oder wenigen anderen Wasserpflanzen einem Bilderrahmen gleich optischen Halt.

Linien durchbrechen

Aber Menschen lieben es nun mal auch, gelegentlich über die Stränge zu schlagen, was sich ebenso in der Gestaltung formaler Gärten und Teiche ausdrücken kann. Die lange gerade Linie eines rechteckigen Teiches wird plötzlich durch einen herausragenden Rohrkolben oder durch eine überhängende Staude unterbrochen. Bei starkem Bewuchs innerhalb und außerhalb des Teiches entsteht der Eindruck, die Pflanzen wollten dieses enge, formale Gefängnis sprengen.

Diesen scheinbaren Widerspruch zwischen Künstlichem und Natur, die Spannung zwischen formal und natürlich Urwüchsigem, versteht man in der englischen Gartenkunst meisterhaft zu lösen. Dabei dienen natürliche Vorbilder auch einer formalen Gartengestaltung. In der Natur sammelt sich das Wasser immer am tiefsten Punkt des Geländes und bildet dort einen Tümpel, einen Teich oder einen See. Diesem natürlichen Anspruch werden formale Teiche gerecht, wie man sie oft in englischen Gärten findet. Nicht selten ist auch der Gartenraum rundherum abgesenkt. Die ganze Umgebung des Gartens führt in ihrer Gestaltung auf diesen Mittel-

punkt, auf diese Attraktion der tiefer gelegten Oase hin. In Deutschland kommt dieser Effekt besonders eindrucksvoll im Senkgarten von Karl Foerster in Bornim bei Potsdam zum Ausdruck, der nach englischem Vorbild angelegt wurde. In seiner tiefer gelegten Mitte befindet sich ein Seerosenteich, an dessen Rand man sich niederlassen kann und der rundum an den sachte ansteigenden Pflanzenterrassen von einer Fülle üppig blühender Stauden umgeben ist.

Ein tiefer gelegter Teich muss nicht zwangsläufig in einem abgesenkten Gartenbereich liegen, dieser Effekt lässt sich auch durch eine kleine Stufe am Rand andeuten, wie das Foto auf Seite 38 zeigt.

Charme des Vergänglichen

Widersprüche sind bei formalen Teichen erlaubt. Da gibt es zum einen das streng begrenzte Wasserbecken, in dem Pflanzen wenn überhaupt nur in geringer Vielfalt und sparsamer Anordnung vorkommen. Die Ränder dieser Teiche sind mit Natursteinplatten oder Klinkern gesäumt, vielleicht sogar als Mauer hervorgehoben und um des optischen Effekts willen mit einer

Im Senkgarten von Karl Foerster bildet der in reichhaltige Staudengesellschaften eingebettete Seerosenteich den Mittelpunkt.

Weniger ist mehr bei diesem Wasserbecken. Sparsam, aber mit Bedacht sind hier einige Seerosen, Kübelpflanzen und Steine angeordnet. Alles hat seinen Bestimmungsort.

ausgewählten Farbe angestrichen. Zum anderen bietet auch der Charme der Vergänglichkeit, des Alternden, Morbiden einen gewissen Reiz. Ein paar Flechten auf den Natursteinplatten am Beckenrand, bemooste Steine, Farne, die wie zufällig aus den Fugen der benachbarten Mauer wachsen, und ein Teich, auf dessen Grund sich Blätter gesammelt haben oder auf dessen Wasserspiegel Kirschblütenblätter schwimmen – diese scheinbare Nachlässigkeit, wie sie ebenfalls in der englischen Gartenkunst gezielt eingesetzt wird, nimmt dem streng Formalen die Strenge, die Kühle und vermittelt menschliche Gefühle, Sinn und Freude fürs Leben und Vergehen.

Hier muss der formale Teich auch nicht mehr repräsentativer Mittelpunkt sein. Er kann an einer bewusst abgeschiedenen Stelle des Gartens angelegt werden. Ein Sitzplatz unter Bäumen mit Blick auf eine ruhige Wasserfläche, in einen Teich, in dem Seerosen wachsen und sich auf dem Grund das Laichkraut oder sogar die Wasserpest drängeln, wo die die schwertförmigen gezacktrandigen Blätter der Wasseraloe zwischen den Seerosenblättern herausragen und wo ein wachsender Teppich aus Wasserlinsen einen hellgrünen Kontrast zu den marmorierten Blättern der Seerosen bildet.

Teich der Jahreszeiten

Im Frühjahr bedecken hier Apfelblüten und Kirschblüten den Wasserspiegel, im Herbst schwimmen leuchtend gelbe und rote Ahornblätter darauf herum. Auf einer allmählich verwitterten Bank lässt man sich zu jeder Jahreszeit für ein besinnliches Stündchen oder auch nur für ein paar Augenblicke nieder, um das formal gerahmte, aber bunte und sich dem Wandel der Jahreszeiten anpassende Bild zu genießen.

Wer sich nicht schon bei der Gestaltung seines Gartens für einen bestimmen Stil oder eine bestimmte Art der Gestaltung entschieden hat, der hat es schwer und leicht zugleich. Der Teich kann den Kernpunkt der Gestaltung des gesamten Gartens bilden und ihm alle anderen Gartenbereiche unterordnen oder zuordnen. Vielleicht wird die Entscheidung für eine bestimmte Teichform ja der Ausgangspunkt für den gesamten Stil des Gartens. Andererseits zwingt uns nichts und niemend, eine einmal eingeschlagene Richtung auch beizubehalten.

Es gibt vielfältige Möglichkeiten, einen Garten und damit auch einen Gartenteich zu gestalten. Diese Seiten zeigen einige unterschiedlich große, unterschiedlich geformte und gestaltete Teiche, die nur eines gemeinsam haben: den formalen Grundriss. Wenn Sie sich noch nicht darüber im Klaren sind, wie Ihr Teich denn letztendlich aussehen soll, so warten Sie ab, gestalten Sie den Garten rundherum und säen Sie dort, wo Platz für einen Teich wäre, Rasen ein. Auf dieser Rasenfläche stellen Sie ein paar Tonnen oder Kübel mit Wasserpflanzen auf, verändern von Zeit zu Zeit die Anzahl und Anordnung der Gefäße und probieren auf diese Weise einige mögliche Formen für ihren künftigen formalen Gartenteich aus.

Farbe und Formen sind bei diesem Becken aufeinander abgestimmt. Vor der roten Betonmauer kommen der Granit sowie die grazilen Gestalten von Binsen und Zypergras besonders gut zur Geltung.

Zierfische

Ein Gartenteich und Fische gehören für manche Teichfreunde untrennbar zusammen. Bunte Zierfische, die sich im Wasser tummeln, haben seit jeher Menschen fasziniert. In fernöstlichen Ländern wie China oder Japan gehören die Fische in vielen Familien wie bei uns Hund und Katze als Haustiere zur Familie. Sie können zutraulich sein, kommen an ihre Futterstelle, sobald sich dort ein Familienmitglied einfindet, und Kois, die großen Farbkarpfen, lassen sich sogar aus dem Wasser nehmen und streicheln.

Damit die Freude an den bunten Fischen nicht im wahrsten Sinne des Wortes getrübt wird, müssen bereits bei der Planung des Fischbeckens einige wichtige Dinge beachtet werden: Fische brauchen einen großen Lebensraum. Sie brauchen ein Wasservolumen, in dem sie sich bequem bewegen, aus dem sie aber auch mit ihren Kiemen Sauerstoff beziehen können.

Ein Fischbecken kann kaum annähernd den natürlichen Bedingungen entsprechen, unter denen ähnlich große Fische in der Natur leben. Die Fische reichern das Wasser mit ihren Ausscheidungen an, was zu Algenwuchs und Sauerstoffmangel führt. Ein Fischbecken darf also nicht zu klein dimensioniert sein. Es sollte eine Oberfläche von mindestens 20 Quadratmetern haben und mindestens 1,50, besser sogar 1,80 Meter tief sein. In dieser Wassertiefe können die Fische gefahrlos den Winter überdauern. Trotz allem ist bei einem Fischbecken, das ausschließlich den

Formales Becken: viel Wasser auf kleiner Fläche. Wenn es so klar bleiben und die Kois so schön zur Geltung kommen sollen, muss ständig umgewälzt und gefiltert werden.

Fischen dient, eine Filteranlage unbedingt erforderlich. Sie verbirgt sich in einer Kammer außerhalb des Beckens. Das Wasser wird durch einen Ansaugkorb mit einer Pumpe durch die Filteranlage und gereinigt wieder zurück in den Teich geschleust. Mehr über die Filtertechnik für Fischteiche lesen Sie auf Seite 118.

Trotz aller ausgefeilten Technik ist zu beachten, dass der Teich nicht mit Fischen überfrachtet wird. Allein von der Optik ist auch hier weniger mehr. Gerade Kois mit ihren unterschiedlichen ausgeprägten Mustern lassen sich so besser unterscheiden, und vielleicht geben Sie Ihren Fischen ja auch Namen... Je größer die Anzahl, desto schwieriger lassen sie sich auseinander halten.

Warten Sie ein halbes oder ganzes Jahr nach der Anlage des Beckens, bis Sie Fische einsetzen, und beschränken Sie sich erst einmal auf wenige Exemplare. Die Fische, vor allem Goldfische, vermehren sich nämlich auch im Teich. Außerdem sollte man mit dem Füttern zurückhaltend sein, also nur dünn Fischfutter ins Wasser streuen, und zwar nur so viel, wie die Fische in etwa drei Minuten fressen können. Was dann noch übrig bleibt, löst sich auf und verunreinigt das Wasser.

Fischende Katzen

Übrigens haben nicht nur Menschen ihre Freude an den bunten Zierfischen. Auch Katzen mögen sie, und buchstäblich zum Fressen gern. Deshalb sollten Sie den Fischteich so anlegen, dass der Rand etwas übersteht und etwa 30 Zentimeter Abstand zum Wasserspiegel hat. Katzen sind bekanntlich sehr wasserscheu. Wenn Sie die Fische nicht mit der Tatze erhaschen können, verzichten sie lieber auf ihren Fang, als ins Wasser zu springen.

Seltene, in manchen Gebieten aber auch lästige Fischjäger sind Graureiher, die die Nähe des Menschen meist nicht scheuen. Gegen sie helfen dann nur noch im Zickzack über den Teich gespannte Schnüre oder ein Netz.

Kois können so zutraulich werden wie Hunde oder Katzen. Es gibt diese Karpfenfische in unterschiedlichen Farben und Zeichnungen.

TIPP

Bunte Zierfische brauchen besondere Zuwendung und intensive Betreuung. Informieren Sie sich bereits vor dem Bau des Fischbeckens über die Ansprüche der Fischarten und fangen Sie mit nur wenigen Goldfischen, Kois oder anderen Zierfischen an (siehe dazu Seite 118f.).

Schutz für Kinder und Tiere

Leider gab es in der Vergangenheit immer wieder traurige Nachrichten von Kindern, die in Gartenteichen ertrunken sind.
Die Gefahr des Ertrinkens ist für Mensch und Tier bei formalen Teichen mit steil abfallenden Wänden größer als bei Naturteichen, bei denen ein Kind erst durch die Sumpfzone und durchs Flachwasser waten müsste, bevor es einer ernsthaften Gefahr des Ertrinkens ausgesetzt wäre. Bei einem formalen Becken mit senkrechten Wänden genügt dagegen ein kleiner Schritt, und schon liegt das Kind im Wasser, meist mit dem Gesicht zuerst.
Dabei muss das Wasser nicht einmal tief sein. Ein Kleinkind kann schon in nur 30 Zentimeter tiefem Wasser ertrinken. Meist kommt zum Ins-Wasser-Fallen auch noch ein Schock hinzu, durch den das Kind wie gelähmt ist und im entscheidenden Moment gar nicht versucht, sich rettend aufzuraffen oder an Land zu kommen. Ebenso besteht auch Gefahr für Tiere wie zum Beispiel den Igel. Der kann zwar schwimmen, doch das hilft ihm nicht, wenn er über die steilen Wände nicht mehr aus dem Becken hinauskommt. Sogar Frösche, Kröten, Molche und Unken können im Teich ertrinken, wenn sie keinen Ausweg an Land finden. Was ist also zu tun?

Ein dezent dicht unter dem Wasserspiegel angebrachtes Schutzgitter bewahrt versehentlich in den Teich gefallene Kinder sowie Tiere vor dem Ertrinken.

Vorbeugen

Wasser, ganz gleich in welcher Form, übt auf Kinder eine unwiderstehliche Anziehungskraft aus. Sie krampfhaft und ängstlich vom Teich fern zu halten, wäre sicher der falsche Weg, sie vorm Ertrinken zu bewahren. Es ist ähnlich wie im Straßenverkehr. Sie müssen allmählich mit dem Element Wasser, hier mit dem Teich, vertraut gemacht werden. Ideal ist es, wenn sie schon als Kleinkind schwimmen lernen. Sicher nicht der richtige Weg wäre es, ihnen mit der Gefahr des Ertrinkens am Teich Angst einzuflößen. Ein Gartenteich ist gerade für Kinder erquicklich und lehrreich.
Immer gibt es im Wasser etwas zu entdecken. Dabei machen wir sie auch mit der Gefahr vertraut. Machen ihnen deutlich, dass sie sich über eine gewisse Schwelle nicht hinauslehnen dürfen. Dies schließt natürlich die Gefahr nicht ganz aus. Zusätzliche Schutzmaßnahmen müssen getroffen werden, solange das Kind noch klein ist. Eine Maßnahme besteht darin, einen Zaun um den Teich zu ziehen. Es kann

sich dabei um einen dezenten Maschendrahtzaun handeln, der aus der Entfernung kaum wahrgenommen wird, über den hinweg oder auch durch den hindurch man das Wasserbecken betrachten kann. Die zweite Möglichkeit: Legen Sie eine Baustahlmatte dicht unter die Wasseroberfläche. Sie fällt kaum auf, die Seerosen wachsen mit ihren Blättern und Blüten hindurch, und wenn ein Kind in den Teich fällt, dann wird es nur nass, ertrinkt jedoch nicht. Zum Schutz für Kinder gibt es auch spezielle Netze für den Teich. Wichtig: Baustahlmatte oder Netz müssen so installiert sein, dass sie sich nicht allzu sehr durchbiegen. Sonst ist die Wirkung gemindert und die Gefahr wieder erhöht.

Igel, Kaninchen, Eichhörnchen, auch Mäuse oder Ratten, alle Tiere können schwimmen. Doch aus einem Becken mit steilen Wänden kommt kein Tier mehr heraus. Selbst Kröten und Frösche schaffen es nicht mehr und ertrinken, wenn sie nicht irgendeinen Halt finden. Bauen Sie also mit einem Brett und ein paar aufgenagelten Leisten eine kleine Leiter, über die in den Teich gefallene Tiere wieder auf festen Boden gelangen können.

Frühzeitig sollten Kinder neben der Begeisterung für die zahlreichen Lebewesen auch die Gefahren eines Gartenteichs einzuschätzen lernen.

NATURNAH

VORBILD NATÜRLICHES GEWÄSSER

Algen besiedeln als Erste ein neues Gewässer ①. Sie bieten Nahrung für Mückenlarven, Schnecken und andere Lebewesen ②. Anschließend erobern Libellenlarven und andere Wasserinsekten den Teich ③. Mit Amphibien und Fischen ist die Lebensgemeinschaft im Teich vollkommen ④.

Wer einen Teich nach natürlichem Vorbild anlegt, dem kommt es nicht allein auf die möglichst genaue Nachbildung eines natürlichen Gewässers an, sondern vor allem auf die Entwicklung einer Lebensgemeinschaft, wie man sie nur in ökologisch intakten natürlichen Gewässern findet.

Die Grundlage für diese Entwicklung ist aber nicht allein die naturgetreue Gestaltung, sondern auch das Wasser. Das kann jedoch sehr unterschiedliche Eigenschaften aufweisen. Bereits die chemischen Voraussetzungen können je nach Quelle und Landstrich sehr verschieden sein. Vom Gehalt an Kalziumkarbonat abhängig, ist das Wasser härter oder weicher (Deutsche Härtegrade °DH) und liegt auch der pH-Wert (Wasserstoffionenkonzentration) des Wassers höher oder niedriger. Im Wasser befinden sich Nitrate, Phosphate, eine Reihe von Spurenelementen und – leider – mitunter auch Schadstoffe. In einem Teich mit einem intakten Nährstoffkreislauf pendeln sich die Wasserhärte und der pH-Wert auf ein für die Lebewesen verträgliches Maß von selber ein.

Lebenselixier Wasser

Im Wasser eines neu angelegten Teichs sind immer einige Nährstoffe gelöst. Doch zunächst nehmen nicht die eingesetzten Pflanzen die gebotenen Nährstoffe auf, sondern Algen. Diese einzelligen Pflanzen,

Links: Algen sind das erste Glied in der Nahrungskette. Von ihnen ernähren sich die Mückenlarven.

Rechts: Mücken legen im Teich ihre Eier ab, aus denen sich schnell Larven entwickeln, die dicht unter dem Wasserspiegel hängen. Andere Kleinlebewesen im Teich begrenzen ihre Zahl.

Unter dem Wasserspiegel auf dem Rücken liegend, nimmt die Ruderwanze mit dem Hinterleib Luft aus dem Raum über dem Wasserspiegel auf.

die im Wasser schwebend oder in Form von Zellverbänden (Algenwatten) leben, werden durch Wasserpflanzen, durch Vögel oder durch den Wind eingetragen. Wird das Wasser durch die Sonne erwärmt, vermehren sich die Algen schnell.

In jedem neuen Teich kommt es erst einmal zu einer starken Algenbildung, die aber mit nachlassendem Nährstoffangebot des Wassers und zunehmender Vertilgung der Algen durch Wasserflöhe und andere Kleinlebewesen wieder von selber verschwindet. Über diese Nahrungskette werden die Nährstoffe den Wasserpflanzen zugeführt.

Welches Wasser ist am besten?

Diese Frage lässt sich nicht pauschal beantworten. Wer mittels Pumpe Grundwasser fördern kann, erspart sich eine hohe Wasserrechnung, reichert den Teich aber vielleicht mit kalkhaltigem, mit Nitrat oder Pestiziden belastetem Wasser an. Regenwasser ist für den Teich zwar grundsätzlich positiv zu beurteilen, denn es ist weich, also fast kalkfrei, aber dennoch nicht überall von gleicher Qualität. Mit auf dem Dach aufgefangenem und über Regenrinne und Fallrohr gesammeltem Wasser werden Ablagerungen aus Heizungs- und Industrieabgasen und der Abrieb der Dacheindeckung sowie Nährstoffe aus Blättern, die sich in der Dachrinne sammeln, in den Teich gebracht. Leitungswasser ist in manchen Gegenden sehr kalkreich und enthält ein geringes Maß an anderen Haupt- und Spurennährstoffen.

Das Leben im Teich muss sich in dem Wasser entwickeln, mit dem Sie den Teich füllen. Mit den Kleinstlebewesen, die sich darin ansiedeln, muss der Teich sein biologischen Gleichgewicht finden. Hilfreich für die Entwicklung des Lebens im Teich ist es, aus einem intakten Gewässer ein oder zwei Kanister Wasser zu holen und dem frischen Teichwasser als »Starthilfe« zuzusetzen.

Gestaltung eines Teichbiotops

Betrachten wir die Uferzone eines vegetationsreichen natürlichen Sees: Von der Uferflora mit einer reichhaltigen und vielfältigen Pflanzengesellschaft geht es allmählich über die Sumpfzone mit Sumpfdotterblumen und Wasser-Schwertlilien durch einen Röhrichtgürtel in den Seerosengürtel über. Das Wasser ist in dieser Zone noch so flach, dass man hineinwaten kann. Zwischen den Königinnen des Wassers reicht der Wasserspiegel oft noch in Brusthöhe, erst am äußeren Rand des Seerosengürtels wird das Wasser so tief, dass man sich nur noch schwimmend hinaus aufs offene Wasser bewegen kann. Im Untergrund gibt es einen leicht im Boden verankerten schwimmenden Teppich von Unterwasserpflanzen, die fälschlich oft als »Schlingpflanzen« bezeichnet werden.

Beim Aushub der Grube wird das Profil des Teiches festgelegt. Zur leichteren Bepflanzung legt man mehrere Podeste an. Hier ist viel Platz für die Sumpfzone vorgesehen.

Auch wenn die Vielfalt, wie wir sie in einem Gartenteich ansiedeln, in natürlichen Gewässern selten auf so kleiner Fläche vorkommt, kann das Ufer eines natürlichen Gewässers doch in gewisser Weise als Vorbild für unsere Gartenteiche dienen. So lassen wir die Grube unseres Gartenteichs ähnlich dem Grund eines Sees sachte zur Mitte hin abfallen. Wie ein Tümpel in der Natur ist auch der Gartenteich ein flaches Gewässer, dessen Tiefe von der Größe des Teichs abhängt. »Bombenlöcher«, wie man sie unter den schlechten Beispielen von Gartenteichen häufig findet, gibt es in der Natur nicht.

Ziel: ein naturnaher Teich

In unserem Gartenteich nach natürlichem Vorbild soll sich eine möglichst vielfältige Gesellschaft von Lebewesen ansiedeln und in dem von uns geschaffenen Lebensraum aus zweiter Hand weiterentwickeln. Das bedeutet jedoch auch, sich in der Anzahl der Pflanzen zu beschränken. Ein zu dicht bepflanzter Teich, in dem einige besonders stark wachsende Pflanzen andere verdrängen, hätte bald seinen Zweck verfehlt. Er würde sich geradezu zu einer Monokultur im Wasser entwickeln, unter der auch die Artenvielfalt der Tiere leiden würde. Pflanzen Sie deshalb sparsam. Sie werden sehen, wie die Wasser- und Sumpfflora den Teich in wenigen Jahren erobert.

In natürlichem Gelände füllen sich immer die jeweils am tiefsten gelegenen Stellen mit Wasser. Und da unser Teichbiotop ja so natürlich aussehen soll, als wäre es ganz von selber entstanden, wählen wir dafür die tiefste Stelle des Gartens aus.

Ein naturnaher Teich wird an die umgebenden Staudenrabatten und Gehölzstreifen oder vielleicht eine Blumenwiese angebunden, um einen nahtlosen Lebensraum anzulegen. Ideal ist es, wenn die Randbepflanzung des Teiches zum Gehölzstreifen des Nachbarn oder in die freie Landschaft überleitet. Damit wird eine Masche im Verbundnetz der Kleinbiotope geknüpft.

Der Teich muss jedoch nicht in die hinterste Ecke des Gartens verbannt werden, sondern kann in seiner ganzen Natürlichkeit auch mit einer Seite an den Rasen oder die Terrasse anschließen. Wenn es sich aufgrund der Topografie im Garten nicht empfiehlt, den Teich in Nähe der Terrasse zu platzieren, haben Sie immer noch die Möglichkeit, am weiter entfernt gelegenen Teich einen Sitzplatz mit gutem Ausblick auf das Wasser anzulegen.

Licht und Schatten

Die meisten Wasserpflanzen gedeihen auch in leicht beschatteten Teichen. Seerosen und manche anderen Wasserstauden blühen zwar am besten in voller Sonne, doch fördert eine zu starke Erwärmung des Wassers auch das Algenwachstum.

Warmes Wasser ist ärmer an Sauerstoff als kaltes. Und auch viele Lebewesen des Teiches fühlen sich in etwas kühlerem und damit sauerstoffreicherem Wasser wohler. Somit gibt es gute Gründe, den Teich zumindest für ein bis zwei Stunden am Tag zu beschatten.

Wählen Sie den Platz für das Teichbiotop am besten so aus, dass etwa um die Mittagszeit der Schatten eines nahe gelegenen Gebäudes oder eines Baumes auf den Teich fällt. Die Wassertemperaturen gleichen einander aus, sodass das Algenwachstum kaum gefördert wird.

In eine naturnahe Umgebung eingebettet, gehen Ufer-, Sumpf- und Flachwasserzone nahtlos ineinander über. Mit zunehmender Wassertiefe wachsen weniger Pflanzen. Im tiefen Wasser breiten sich Unterwasserpflanzen mit der Zeit teppichartig auf dem Teichboden aus.

Das richtige Profil

Ein Biotop-Teich braucht weder groß noch tief zu sein. Für naturnahe Teiche ist ein sachtes Teichgefälle von 1:3 (oder flacher) empfehlenswert, das heißt, erst drei Meter vom Teichufer zur Mitte entfernt ist eine Tiefe von einem Meter erreicht. Ein solcher Teich hätte dann einen Durchmesser von mindestens sechs Metern.

Oder: Ein drei Meter breiter Teich wäre in der Mitte 50 Zentimeter tief. Das reicht im Regelfall allemal aus, denn weder Seerosen noch Amphibien brauchen tiefes Wasser. Die meisten Wasserpflanzen gedeihen im flachen Wasser. Darin laichen Amphibien ab, und nur wenige Arten überwintern auf dem Teichboden, dann aber von größeren und tieferen Teichen. In den Teich fallendes Laub sowie abgestorbene Blätter der Wasserpflanzen verteilen sich auf dem sachte abfallenden Teichboden und können dort schneller und gründlicher von den Mikroorganismen zersetzt und so den Pflanzenwurzeln zugeführt werden. Räumen Sie der Flachwasser- und Sumpfzone also viel Platz ein.

Sumpfzone, Überlauf und Randzone

Viele Pflanzen des Naturteichs gedeihen in der Sumpfzone, die teilweise überflutet, auf jeden Fall aber immer feucht ist. Diesen Bereich schaffen wir im Teich, indem wir die Folienabdichtung möglichst weit

Wie ein natürliches Gewässer soll ein naturnaher Teich anmuten. Sachte fällt die Teichmulde vom Ufer ab, und die Sumpfzone leitet zu Stauden und Gehölzen über.

Zwei kleine Teiche vor einer schützenden Hecke mit abwechslungsreichen Uferzonen. Eine hohlraumreiche Trockenmauer bietet den Amphibien Unterschlupf.

hinausziehen. Darin werden Pflanzen wie Sumpfdotterblumen, Sumpf-Vergissmeinnicht und andere in der Tabelle Seite 96 genannte Pflanzen angesiedelt.

Außerhalb der Folienabdichtung dagegen ist die Erde meistens ebenso trocken wie im restlichen Garten. Bei einem Wolkenbruch überlaufendes Wasser versickert in der Regel. Ein Überlauf wird eventuell benötigt, wenn dem Teich Wasser aus der Regenrinne zugeleitet wird und der Gartenboden sehr bindig ist. Dazu senkt man die Kapillarsperre an einer Stelle gezielt ab, um das überlaufende Wasser auf ein etwas tiefer gelegtes Beet zu verteilen oder durch eine Wasserrinne in einen Sickerschacht zu leiten. Da solche Überflutungen selten auftreten, bleibt die Erde außerhalb der Teichabdichtung so feucht und so trocken wie der übrige Gartenboden.

Land-Lebensräume für Amphibien

Frosch und Kröte, Molch und Unke wie auch Salamander benötigen den Teich im Wesentlichen zur Fortpflanzung. Haben sie abgelaicht, verlassen die meisten Amphibien bald das Wasser. Die oft nachtaktiven Tiere brauchen tagsüber einen Unterschlupf und ein Winterquartier an Land: eine Laubschüttung unter Gehölzen, ein Reisighaufen, Holzstapel, ein locker geschichteter Steinhaufen oder eine Trockenmauer mit Hohlräumen sind für sie ideal.

TIPP

Schütten Sie mit dem Aushub des Teichs einen Hügel im Garten auf, den Sie mit einer Trockenmauer abfangen. Damit kreieren Sie verschiedene Gartenräume, bringen Stauden besser zur Geltung und schaffen in der Trockenmauer Winterquartiere für einige Amphibien.

Lebendige Tümpel

Klein und flach, sparsam, aber reichhaltig bepflanzt, in die Randvegetation eingebettet und mit einem Platz zum Beobachten ausgestattet: ein vorbildlicher Gartentümpel

Die Tümpel in der Natur sind temporäre und kurzlebige Gewässer. Sie entstehen durch eine Überschwemmung in natürlichen Senken; oder Stellen, wo ein entwurzelter Baum ein Loch hinterlassen hat, werden nach der Schneeschmelze im Frühjahr mit Wasser gefüllt. Im Sommer trocknen die Tümpel meistens aus und füllen sich erst im Spätherbst allmählich wieder, sofern der Untergrund dicht genug ist.

Mit den Jahren siedeln sich je nach Beschaffenheit des Tümpels und seiner Umgebung Schilf, Binsen, vielleicht auch Sumpfdotterblumen oder Wasser-Schwertlilien an. Doch von außen wachsen auch immer mehr Gräser und Kräuter in den Tümpel hinein, sodass nach einigen Jahren nur noch ein Sumpf übrig bleibt, und nach weiteren Jahren ist jede Spur von dem Kleingewässer verschwunden. In der Zwischenzeit aber haben Generationen von Wasserläufern, Ruderwanzen, Libellen, Fröschen, Kröten, Molchen oder auch Gelbbauchunken in diesem Tümpel das Licht der Welt erblickt.

Unsere Gartenteiche, die ja oft die Größe eines Tümpels haben, würden ebenfalls verlanden, wenn wir diesen Vorgang nicht von vornherein unterbinden. Durch die Folienabdichtung trocknen sie nicht aus,

und zu üppig gewordener Bewuchs wird von unserer Hand kräftig ausgedünnt. Zudem siedeln wir im Gartentümpel eine Gesellschaft von zwar heimischen Pflanzen an, die man in einer so vielfältigen Kombination auf der kleinen Fläche eines Naturtümpels jedoch nicht vorfinden würde. So wächst in unserem Gartentümpel eine für flaches Wasser ausgesuchte Seerose. Gleichzeitig meiden wir stark wuchernde Pflanzen wie Schilfrohr oder den Breitblättrigen Rohrkolben.

Natürliche Entwicklung

Pflanzen der Sumpf- und Flachwasserzone wie Wasser-Schwertlilie, Schwanenblume, Sumpfdotterblume, Sumpf-Vergissmeinnicht, Pfeilkraut, Froschlöffel und Zwergbinsen siedeln wir im Tümpel an, dazu das Hornkraut als Unterwasserpflanze und einen Froschbiss, den wir abschließend aufs Wasser legen. Sparsam wird der Tümpel bepflanzt. Die Pflanzen breiten sich in der Regel ohnehin schneller aus, als uns lieb ist. Wie größere Gartenteiche auch wird der Tümpel im Garten so platziert, dass er sowohl den Tieren einen Lebensraum bietet als auch Gelegenheit schafft, das sich darin entwickelnde Leben zu beobachten. Dem ersten Anspruch werden wir gerecht, indem wir das Ufer an für uns schwer zugängliche Stauden- und Gehölzpflanzungen anschließen, dem zweiten, indem wir den Teich mit einer Seite an die Terrasse anschließen, ein Holzdeck anlegen oder einen Weg am Tümpel vorbeiführen. Von dort betrachtet, wird der in seinen Ausmaßen bescheidene Tümpel zum großen Abenteuerplatz. Im klaren Wasser tummeln sich ganze Schwärme von Wasserflöhen, Ruderwanzen schwimmen mit zuckenden Flügeln durchs Wasser, Libellenlarven gehen unter Wasser auf Jagd, und Wasserläufer flitzen über den blanken Wasserspiegel. An einem Morgen im Frühjahr werden wir durch dicke Laichballen überrascht, die die Grasfrösche im flachen Wasser abgelegt haben, und wir beobachten ein Erdkrötenpärchen, das eng umklammert lange Laichschnüre um die Wasserpflanzen wickelt. An einem sonnigen Tag im Mai entdecken wir vielleicht sogar die prächtigen Bergmolche auf dem Teichboden und warten mit Spannung darauf, wie sie voller Grazie zum Luftholen auftauchen und ihren prächtig scharlachroten Bauch zeigen.

Ein kleiner Tümpel im Garten kann viele Freuden bereiten, vorausgesetzt, Sie greifen nur behutsam ein. Dies wird meist nach drei oder fünf Jahren nötig, um den Bewuchs auszudünnen und so der Verlandung vorzubeugen. Doch diese Pflegearbeit ist bei einem Tümpel mit seiner geringen Größe und Tiefe kein Problem.

Es müssen nicht immer Seerosen sein. Ein kleiner Tümpel mit Zwergbinsen sieht natürlichen Tümpeln sehr ähnlich. Auch darin ist es ausgesprochen lebendig.

Große Teiche

Haben Sie in Ihrem Garten Platz genug für einen großen Teich, so tun sich natürlich auch sehr viel mehr Möglichkeiten auf. Aber denken Sie bitte nicht automatisch an Fische, obwohl auch die ein großer Teich natürlich eher verträgt. Sie haben eine freiere Wahl der Teichform, können Ihr Gartengewässer also rund oder eher lang gezogen gestalten und so der Gartenform anpassen. Vor allem haben Sie mehr Pflanzfläche im und ums Wasser. Und die sollten Sie nutzen, indem Sie den Flach- und Seichtwasserbereich sowie die Sumpfzone nicht zu klein bemessen.

Ein großer Teich kann tiefer sein als ein kleiner, muss es aber nicht. Wenn Sie aber aufgrund der Teichgröße mit einem Gefälle des Teichbodens von 1:3 oder sogar flacher eine Wassertiefe von einem Meter oder mehr erreichen, so bringt dies zweifellos für die Teichbiologie einige Vorteile: Das Wasser erwärmt sich nicht so schnell in der Hochsommersonne, das heißt, tiefere Wasserschichten bleiben länger kühl, das Wasser ist sauerstoffreicher, und Algen haben geringere Chancen. Ab einer Tiefe von einem Meter können auch Frösche auf dem Teichboden überwintern. Dies sind vor allem Teich- oder Wasserfrösche, die in kleinen Tümpeln nicht überleben würden.

In der Mitte dieses großen Teiches blühen die roten Seerosen 'Escarboucle'. Flachwasser und Sumpfzone gehen hier nahtlos in die umgebenden naturnahen Staudenpflanzungen über.

Erreicht Ihr naturnaher Teich mit einem seichten Teichgefälle sogar eine Tiefe von 1,20 Meter, so können Sie darin auch kleine heimische Wildfische ansiedeln (siehe Seite 116).

Abwechslungsreiche Uferzonen

Darüber hinaus bleiben die Übergangsbereiche vom Flachwasser über die Sumpfzone bis ans feuchte Ufer noch immer die lebendigsten. Sie können diese Zone wie ein Staudenbeet gestalten, indem Sie die Wasser- und Sumpfstauden wie bei einer Staudenrabatte nach Blütenzeiten und -farben sowie nach Wuchshöhen und Wuchsstärken gezielt aufeinander abstimmen. Dennoch sollten Sie unbedingt den Grundsatz einer sparsamen Bepflanzung beherzigen, denn die Wasser- und Sumpfpflanzen erobern den Tümpel in wenigen Jahren, und auch ein großer Teich neigt zur allmählichen Verlandung, die durch gelegentliches Ausdünnen des Bewuchses im Abstand von drei bis fünf Jahren gestoppt werden muss.

Sorgen Sie für eine lang gezogene Uferlinie, die Sie unterschiedlich gestalten. Dort, wo der Teich an Staudenrabatten, eine Blumenwiese und Gehölze stößt, schließen Sie eine reiche Uferflora an. Vor allem Grasfrösche wissen eine solche Deckung zu schätzen. Kröten dagegen fühlen sich in einem sehr kargen Umfeld wohl. Ihnen sagt ein vegetationsloser Kiesstreifen mit wenigen Wasserpflanzen zu.

Schwanenblumen, Wasser-Schwertlilien und Hechtkraut im flachen Wasser sowie Blutweiderich in der Sumpfzone und Felberich und *Miscanthus* am Ufer prägen diesen Teich.

Mit einer rosafarben blühenden Seerose und Wasser-Knöterich in der Mitte, wird dieser Teich von einer Wiese mit Pechnelke und Sibirischer Wiesen-Iris umrahmt.

Sonnige Teiche

Sonne und Wasser sind die Elemente, die das Leben auf diesem Planeten erst möglich machen. Wie wichtig das optimale Zusammenspiel zwischen beiden für alle Lebewesen ist, kann man an der sensiblen Lebensgemeinschaft eines Gartenteiches studieren.

Scheint die Sonne im Sommer besonders stark auf einen Teich, so finden im Wasser zunächst für unser Auge nicht erkennbare chemische Prozesse statt. So verändert sich der pH-Wert des Wassers oft schon innerhalb eines Tages. Sauerstoff wird an andere chemische Elemente wie Stickstoff oder Phosphor gebunden, was das Leben im Teich nicht gerade positiv beeinflusst. Starke Besonnung fördert das Algenwachstum vor allem in frisch angelegten Teichen. Dort kann es zu einer regelrechten Algenexplosion kommen. Die kurzlebigen Algen sterben innerhalb eines Tages ab, sinken zu Boden und werden dort von sauerstoffzehrenden (aeroben) Bakterien zersetzt, die sich aufgrund dieses übergroßen Nahrungsangebots ebenfalls rasend schnell vermehren und dem Wasser des Teiches so viel Sauerstoff entziehen, dass weder Tier noch Pflanze darin leben können. Das gesamte Leben im Teich stirbt schlagartig ab, man sagt: Der Teich kippt um. Gott sei Dank kommt es freilich nur selten so weit.

Das Wasser enthält nahezu alle Nährstoffe, die eine Pflanze im Teich benötigt. Zusätzliche Nährstoffe in den Teich einzuführen wäre aus diesem Grund von Übel.

Es kommt also darauf an, die Nährstoffe im Wasser in den Kreislauf zu bringen, und das ist ganz einfach. Setzen Sie Unterwasserpflanzen wie beispielsweise Hornkraut ein. Es bindet Nährstoffüberschüsse aus dem Wasser und gibt Sauerstoff ins Wasser ab. Legen Sie Schwimmpflanzen wie Froschbiss oder Krebsschere aufs Wasser, die ebenfalls überschüssige Nährstoffe aufnehmen und gleichzeitig den Wasserspiegel ein wenig beschatten.

Schatten spenden auch die großen Schwimmblätter der Seerosen und anderer Schwimmblattpflanzen wie Teichrose, Seekanne, Wasser-Knöterich und Afrikanische Wasserähre. Die Blätter dieser Pflanzen entziehen den Algen das Licht und sorgen durch ihren Schatten für eine verzögerte Erwärmung des Wassers, die sich wohltuend auf das Leben im Teich auswirkt.

Viel Sonne – reiche Blüte

Wasser und Sonne sind für das Wachstum eine ideale Kombination: Seerosen entwickeln sich in voller Sonne am besten und bringen einen ganzen Sommer lang die herrlichsten Blüten hervor. Manche Sorten blühen bereits Ende Mai, andere bis in den Herbst hinein. Von der Sumpfdotterblume über die Schwanenblume bis hin zu Wasser-Schwertlilie, Kalmus oder den Froschlöffel und das Hechtkraut blühen alle Wasserpflanzen in voller Sonne am schönsten. Dass es für den Teich und seinen Nährstoffkreislauf sowie den Sauerstoffhaushalt vorteilhaft ist, wenn um die Mittagszeit durch den Schattenwurf eines Baumes mal zwei Stunden Besonnungspause eingelegt werden, tut dem Wachstum und dem Blütenreichtum keinen Abbruch.

Auch an Land genießt die unmittelbar an den Teich angrenzende Uferflora diesen günstigen Einfluss von Sonne und Wasser. Natürlich nehmen diese Pflanzen die benötigte Feuchtigkeit aus dem normalen Gartenboden auf. Doch sie profitieren auch von der Luftfeuchtigkeit des Teiches. In der Sonne verdunstet bekanntlich viel Wasser aus dem Teich, das in Form von Wasserdampf den benachbarten Pflanzen, ja dem ganzen Garten zugute kommt. Zudem speichert das tagsüber von der Sonne

Sibirische Wiesen-Iris, Frauenmantel und Funkien sowie eine Trockenmauer umrahmen den kleinen Seerosenteich. Ein Steg erlaubt den Blick aus der Mitte ans Ufer.

erwärmte Wasser Wärme, die es in den Abendstunden wieder in die Gartenatmosphäre abgibt.

Ein Gartenteich in der Sonne verbreitet also rundum eine lebensfördernde und lebensfreundliche Atmosphäre, die nicht nur die Pflanzen, sondern auch allen Kleinlebewesen des Teiches gut tut, von den Daphnien über die Ruderwanze und dem Wasserläufer bis zu den Libellen und ihren Larven und nicht zuletzt auch Frosch und Kröte, Unke, Molch und Salamander.

Genuss für Mensch und Tier

So sehr wir uns mit dem Teich und seinen Pflanzen für vielleicht seltene und hoffentlich zuwandernde Insekten und Amphibien einsetzen, tun wir es ja letztendlich auch für uns. Wir wollen die angenehme frische und beschauliche Atmosphäre am Wasser genießen, im sonnendurchfluteten Wasser der Jagd der Libellenlarve und dem Liebesspiel der Molche zuschauen, den Kunstflug der Libelle bestaunen und uns über jede neue Seerosenblüte freuen. Das Wunderbare an diesem Zusammenwirken von Sonne und Wasser am Teich ist der ständige Wandel mit immer wieder neuen Überraschungen.

Während der bewusst spärlich eingesetzte Bewuchs im ersten Jahr erst einmal Fuß fassen muss, beobachten wir von Anfang an die Entwicklung der Kleinlebewesen im

Das Hechtkraut hat den ganzen Teichrand erobert. Die zwei Kugelrobinien spenden um die Mittagsstunden wohltuenden Schatten.

Ein sonniger Teich direkt an der Terrasse. Begleitet von Rohrkolben und Binsen hat sich ein üppiger Teppich rosa blühender Seerosen ausgebreitet.

Wasser. Obwohl unter der Oberfläche jede Menge Mückenlarven zucken, bleibt die befürchtete Mückenplage aus. Stattdessen entdecken wir auf dem Teichboden Köcherfliegenlarven, die sich in ihrer Hülle kaum merklich bewegen, Wasserschnecken ziehen ihre Fraßspuren durch den Algenteppich, und der Egel lugt aus dem Kies am Boden hervor.

Es schadet nicht, wenn der Wasserspiegel im Sommer um 20 Zentimeter sinkt, mit dem nächsten Regenguss ist der Teich wieder aufgefüllt. Wasser aus der Leitung zulaufen zu lassen wäre schädlich, es würde die Teichbiologie durcheinander bringen und neuem Algenwachstum Vorschub leisten. Im Herbst erleben wir auch am Teich eine Färbung der Blätter des Froschbiss, der Seerosen sowie der Blätter und Halme von Rohrkolben, Igelkolben, Wasser-Schwertlilien und anderen Pflanzen, die sich im besonnten Teich spiegeln und im Winter von Raureif oder Schnee bedeckt in der Sonne glitzern. Wenn es in der Umgebung des Teiches Amphibien gibt, dürfen wir hoffen, dass sie schon im folgenden Frühjahr wieder in unseren Teich zuwandern und ablaichen. Das Wachstum beginnt von neuem, oft üppiger. Von den Kleinlebewesen des Vorjahres sind einige zwar verschwunden, aber wir freuen uns auch über manchen Neuzugang.

TIPP

Lassen Sie im Hochsommer auf dem sonnigen Teich auch exotische Schwimmpflanzen wie Wasserhyazinthe und Wassersalat treiben. Sie beschatten das Wasser und entziehen wie die heimischen Schwimmpflanzen dem Wasser überschüssige Nährstoffe – und sie sind schön!

Ein lauschiger, stiller Platz unter der Trauerweide am lichtschattigen Teich. Die weißen Irisblüten am Ufer bringen Licht in die vom Schatten geprägte Gartenoase.

Schattenteiche

Wer sehnt sich im August, wenn die Sonne brennt, nicht nach einem schattigen Plätzchen unter hohen Bäumen. Wenn ein solcher Platz auch noch am Ufer eines Teichs liegt, ist das geradezu ideal. Denn dann kommt zum Schatten auch die wohltuende Frische des Wassers hinzu.

Ein Gartenteich kann zumindest an teilweise beschatteter Stelle angelegt werden. Schatten ist schließlich nicht absolute Dunkelheit. Entweder liegt der Teich nur zu bestimmten Tageszeiten in der Sonne und ist die restliche Zeit von Gebäuden oder Bäumen beschattet, oder die Sonne blinzelt durch die Baumkronen hindurch auf den Teich und trifft mit ihren Strahlen im Verlauf des Tages immer wieder auf eine andere Stelle. Nahezu alle Wasser- und Sumpfpflanzen können unter diesen Lichtverhältnissen gedeihen. Sie entwickeln dort oft ein üppiges Blattwerk, bringen aber weniger oder gar keine Blüten hervor. Unter den Wasserpflanzen gedeihen und blühen die Große Teichrose, auch Mummel genannt, sowie die seltenere Kleine Teichrose gut im lichten Schatten. Auch Froschlöffel, Kalmus, Scheinkalla, Sumpfdotterblume, Tannenwedel, Wasserfeder und Wasser-Schwertlilie entwickeln sich und blühen reichlich. Unter den Sumpfpflanzen sind Blutauge, Pfennigkraut und Seggen für den halbschattigen Standort zu empfehlen. Eindeutige Regeln lassen sich jedoch nicht aufstellen. Es kommt am jeweiligen Standort immer auf die Stärke der Beschattung und die Intensität des durch die Baumkronen dringenden Sonnenlichts oder auf die Dauer der Besonnung an.

Blüte trotz Schatten

Außerhalb des Teiches steht eine Vielzahl von Stauden zur Verfügung, die sehr gut an lichtschattigen Standorten gedeihen und das feuchtwarme sommerliche Klima mit üppigem Wachstum und auch reicher Blüte danken. Beispiele sind Frauenmantel, Funkien und eine Vielzahl von Farnen. Der eindeutige Vorteil eines im Halbschatten liegenden gegenüber einem besonntem Gartenteich: Durch die Beschattung erwärmt sich das Wasser nur langsam. Die zuvor beschriebenen chemischen Umsetzungsprozesse, die Algenbildung und ihre Zersetzung durch aerobe Bakterien, all diese Prozesse finden in einem teilweise beschatteten Teich in abgeschwächter Form statt. Man könnte auch sagen: Das Wasser bleibt länger frisch. Es verdunstet auch nicht so schnell wie in einem besonnten Teich, das den Lebewesen des Teichs zur Verfügung stehende Wasservolumen verringert sich kaum.

Auch die Tiere des Teiches fühlen sich an leicht beschatteten Stellen besonders wohl, denn im kühlen Wasser steht ihnen mehr Sauerstoff zur Verfügung. Wenn der Teich groß und tief genug ist, um Fische zu beherbergen, sind auch sie darin besser aufgehoben als in einem voll besonnten Kleingewässer.

Herbstlaub vorbeugen

Da meist Laubbäume Schatten spenden, gelangt viel Herbstlaub ins Wasser. Die zunächst hübschen bunten Blätter auf dem Wasser sinken bald auf den Teichboden, wo sie allmählich Faulschlamm bilden. Solange diese Schicht nicht von Menschen oder gründelnden Goldfischen aufgewühlt wird, ist dies in der Regel kein Problem. Die aufsteigenden Faulgase können allerdings unter der Eisdecke für überwinternde Fische und andere Lebewesen des Teichs den Tod bedeuten. Bei großem Eintrag von Herbstlaub sollte man deshalb rechtzeitig vordem Laubfall ein Netz über den Teich spannen.

Üppige Flora im und rund um den Teich: Die Seerosen haben den Wasserspiegel in der Mitte erobert, rundherum blühen Gauklerblumen, Iris, Funkien und Frauenmantel.

Wassergraben

Ein Wassergraben ist immer ein künstliches Gebilde. Meist trifft man Wassergräben in den Feldfluren des Flachlands an, wo sie der Entwässerung der Ackerfläche dienen. Wo man den Graben sich selbst überlässt, siedelt sich die typische Wasser- und Sumpfflora an: Sumpfdotterblumen, Wasser-Schwertlilien, Schilfrohr, Rohrkolben, Binsen und manche andere. Das Wasser sammelt sich im Wassergraben, bleibt für einige Tage oder Wochen dort stehen und fließt allmählich ab oder versickert. Während es bei den Wassergräben in der Feldflur darauf ankommt, das Wasser möglichst schnell abzuführen, möchten wir bei einem Wassergraben im Garten das Wasser möglichst lange halten. Er kann auch zum Versickern von Regenwasser dienen. In diesem Fall lassen wir den Graben am Fallrohr der Regenrinne beginnen.

Feuchter Boden und frischfeuchtes Klima lassen an den Ufern dieses Wassergrabens eine reichhaltige Flora aus Scheinkalla, Wiesen-Knöterich und Gräsern gedeihen.

Folienabdichtung

Ob eine Abdichtung nötig ist, das hängt unter anderem von der Beschaffenheit des Bodens ab. Bei einem sandigen Untergrund würde das Wasser sehr schnell versickern und der Graben schnell verlanden, Wildpflanzen würden den Graben überwuchern. Bei einem bindigen, vielleicht sogar lehmigen oder tonhaltigen Boden bleibt das Wasser länger stehen, vor allem dann, wenn man den Boden mit einem Stampfer oder sogar maschinell verdichtet. Wo dies nicht ausreicht, wird mit einer Teichfolie abgedichtet. Ein solcher Graben kann ohne die für Gartenteiche wichtige Kapillarsperre angelegt werden, in diesem Fall mit einer gewollten Verbindung zum umgebenden Erdreich, das Feuchtigkeit aus dem Wassergraben aufsaugt und somit günstige Voraussetzungen für Stauden schafft, die auf feuchtem Boden, jedoch weder im Wasser noch im Sumpf gedeihen – so zum Beispiel Trollblume, Wasserdost und Greiskraut.

Andererseits kann ein Wassergraben auch das gesammelte Regenwasser zu einem Teich führen. In diesem Fall ist eine Folienabdichtung mit Kapillarsperre günstig. Der Graben erhält dann vom Fallrohr der Dachrinne bis zur Mündung in den Teich

Funkien, Farne und Scheinkalla sind Pflanzen, die auf feuchtem Boden, im luftfeuchten Klima des Wasserlaufes auch im lichten Schatten gut gedeihen.

ein leichtes Gefälle. Einige Staustufen, in denen sich das Regenwasser sammelt und sich eventuelle Verschmutzungen absetzen können, sind empfehlenswert. Dieser Wassergraben kann die Funktion einer Pflanzenkläranlage übernehmen, in der sich Schwebstoffe absetzen und die Pflanzen dem Wasser eventuell schädliche Stoffe entziehen. Pflanzen mit diesen Eigenschaften nennt man Repositionspflanzen; zu ihnen gehören neben Schilf, Rohrkolben und Binsen auch der Igelkolben und die Wasser-Schwertlilie. Schilf und Rohrkolben sind für kleine Gartengewässer in der Regel nicht geeignet, und von den Binsen sollten Sie die Zwergbinse wählen. Darüber hinaus können Sie natürlich auch jede andere Pflanze aus dem Flachwasserbereich im Wassergraben ansiedeln.

Verschiedene Quellen

Die Regenrinne bietet sich als Quelle für einen Wassergraben an. Natürlich kann der Wassergraben auch aus dem Grundwasser, dem Wasser eines benachbarten Bachs oder Sees und nicht zuletzt mit Leitungswasser gefüllt werden. Mündet der Graben in einen Teich, bietet sich die Funktion eines reinigenden Gewässers ähnlich einer Sumpfbeet-Kläranlage an. Soll er dagegen wie ein Gartenteich nur einmal gefüllt werden, so gleicht er in seiner Gestaltung und Funktion einem lang gezogenen Tümpel.

In einem Wassergraben gibt es keine oder nur geringe Wasserbewegung, wenn neues Wasser nachläuft. Für einen Bach dagegen ist fließendes Wasser charakteristisch. Im Garten muss das Wasser eines künstlichen Baches mittels elektrischer Pumpe durch eine Wasserleitung von der Mündung wieder zurück an die künstliche Quelle befördert werden. Im Gegensatz zum Wassergraben werden, von wenigen die Strömung vertragenden Pflanzen abgesehen, nur die Ränder bepflanzt. Der Reiz des Baches besteht neben einer schönen Einbettung im fließenden Wasser. Mehr darüber finden Sie im Kapitel »Wasserspiele« ab Seite 121.

TIPP

In einem kleinen Garten bietet sich ein Wassergraben oder ein Bach als Alternative zu einem Gartenteich an. Mit einer Breite von 50 bis 100 Zentimetern kann er sich durch den ganzen oder einen großen Teil des Gartens ziehen und von einer passenden Staudenflora begleitet werden.

Üppige Sumpfflora

Die Sumpfzone natürlicher Gewässer ist durch eine Fortsetzung des Wasserspiegels in der Erde gekennzeichnet. Mit zunehmender Geländehöhe und zunehmendem Abstand vom Gewässer wird der Boden immer trockener. Oder der Grundwasserstand ist so hoch, dass die Erde ständig feucht ist und sich nach anhaltendem Regen immer wieder Tümpel bilden. Eine besondere Situation ist das Moor, bei dem ein Gelände ständig vernässt ist und die »Erde« aus Torf besteht. Doch das ist eine besondere Flora. Einen Sumpf oder eine Sumpfzone am Teichrand können wir nur durch eine Folienabdichtung mit Kapillarsperre erreichen. Eine Verbindung zum Erdreich würde einen Dochteffekt hervorrufen, bei dem durch die trockene Erde Wasser aus dem Teich gesaugt wird. Die Erde rund um den Teich trocknet aber dennoch sehr schnell wieder ab, sodass man allenfalls noch von einer bodenfeuchten Randzone sprechen könnte.

Die Pflanzen der Sumpfzone vertragen eine gelegentliche Überflutung, überstehen aber auch sommerliche Trockenheit, denn meist trocknet nur die Oberfläche der Erde ab, im Untergrund jedoch bleibt es feucht. Die Grenze zwischen Sumpf- und Flachwasserzone verwischt sich. So können

Randzone, Sumpfzone, Flach- und Seichtwasserzone gehen grenzenlos ineinander über, sodass man sie nicht so eindeutig zuordnen kann wie in natürlichen Gewässern.

auch die Pflanzen der Flachwasserzone vorübergehend außerhalb des Wassers stehen, wenn der Wasserspiegel aufgrund sommerlicher Trockenheit absinkt. Dieser Wechsel von Überflutung und Außerhalb-des-Wassers-Stehen findet auch in der Natur statt, ohne dass die in dieser Zone wachsenden Pflanzen Schaden daran nehmen. Es wäre sogar eher schädlich, den Teich wieder aufzufüllen, denn dies bedeutet nicht nur einen Kälteschock für die Lebewesen im Wasser, sondern auch eine erneute Zufuhr von Kalk, Nitrat, Phosphat und anderen Stoffen, die das biologische Gleichgewicht des Teiches stören würden. Verstärkter Algenwuchs wäre die Folge, und den Gewächsen in der Sumpfzone täte diese Veränderung auch nicht gut.

Nährstoffarme Lehmerde

Was die Erde betrifft, so gilt für die Pflanzen im Sumpf das Gleiche wie für die Wasserpflanzen: Verwenden Sie die nährstoffarme Erde aus der tiefsten Schicht des Teichaushubs. Sie braucht nicht über die ganze Sumpfzone ausgebreitet zu werden, sondern es reicht, wenn sie die Wurzelballen der Pflanzen umschließt.

Natürlich setzt man die Pflanzen der Sumpfzone nicht in Gitterkörbe, sondern topft sie mit ihren Ballen aus, reduziert den Ballen von unten etwas und setzt ihn auf die Teichfolie. Rundum den Ballen mit lehmiger Erde bedecken und mit ein paar Steinen beschweren. Nach dem Pflanzen wird die Folie dünn mit Kies bedeckt.

In der Regel breiten sich die Pflanzen der Sumpfzone ebenso schnell aus wie die Wasserpflanzen. Deswegen gilt auch hier: Sparsam pflanzen, wenige Pflanzen gezielt aussuchen und ihnen Raum zur Entwicklung lassen.

An sonnigen Stellen gedeihen neben den fast schon obligatorischen Sumpfdotterblumen *(Caltha palustris)* verschiedene Iris-Arten wie *Iris chrysographes, Iris ensata* und *Iris versicolor,* aber auch Sumpf-Vergissmeinnicht *(Myosotis palustris),* Mädesüß *(Filipendula ulmaria),* Blutweiderich *(Lythrum salicaria),* Gauklerblume *(Mimulus luteus)* und Sumpf-Wolfsmilch *(Euporbia palustris).* Das Pfennigkraut *(Lysimachia nummularia)* wächst oft vom Teichrand bis ins Wasser hinein. Wo es schattiger ist, können verschiedene Farne wie Sumpf-Farn *(Thelypteris palustris),* Königsfarn *(Osmunda regalis)* und Frauenfarn *(Athyrium filix-femina)* sowie Scheinkalla *(Lysichiton-*Arten) gedeihen.

Dieses Sumpfbeet dient der Klärung des Regenwassers vom Hausdach. Repositionspflanzen wie Wasser-Schwertlilie, Igelkolben und Rohrkolben lösen schädliche Verbindungen auf.

Vom Gartenteich zum Wassergarten

Manchmal fängt das Gartenteichfieber mit einem Miniteich im Mörteltrog oder Whiskyfass an. Doch hat man erst einmal entdeckt, welche Frische schon diese kleine Oase ausstrahlt und dass sich selbst an kleinen Wasserstellen mitunter Wasserläufer oder Libellen einfinden, wünscht man sich mehr. Ein Teich muss her, und für viele Enthusiasten ist bald auch dieser zu wenig oder zu klein. Man träumt von einem noch größeren Gewässer, einem Bach oder gar einem Schwimmteich. Da stellt sich die Frage: Wäre es nicht besser, gleich einen großen Teich anzulegen, der alle Bedürfnisse befriedigt?

Allerdings liegt gerade in der Entwicklung der Teiche und ihrer Besitzer ein besonderer Reiz. Denn wer mit kleinen Teichen gute Erfahrungen gemacht hat, wird sich viel gezielter für einen ihm zusagenden und in seine Gartenlandschaft passenden Gartengewässer-Typ entscheiden als ein noch unerfahrener Gartenteichfreund und somit Geld und Arbeitskraft sinnvoller investieren. Außerdem kann die Kombination verschiedener Kleingewässer wesentlich interessanter sein als ein großer Teich.

Einem Teich kann ein Wassergraben, ein Bach oder kleiner Wasserfall oder ein weiterer Teich angegliedert werden. Zwei oder mehrere Teiche können für eine unterschiedliche Nutzung nebeneinander angelegt werden, so zum Beispiel ein naturnaher Teich und ein Wasserbecken für die

Wasser entlang der gesamten Hausfront. Der naturnahe Teich reflektiert im Winter Sonnenlicht ins Haus hinein und reinigt das Wasser des Schwimmteichs im Hintergrund.

Sammlung exotischer Seerosen und anderer Wasserpflanzen. Einem Fischbecken kann man ein oder mehrere Amphibiengewässer zugesellen, wobei die Fische nicht in die Flachwasserzonen gelangen dürfen, in denen Frosch & Co. ablaichen. Ein Biotop-Teich kann an einen Schwimmteich angeschlossen sein und ebenso wie eine Pflanzenkläranlage zur Reinigung des Wassers eingesetzt werden.

Sumpfbeet und Feuchtwiese

Sumpfbeete haben durch ihre vielfältige Flora ihren ganz besonderen Reiz. Wo es sich anbietet, schließt man sie an das Fallrohr einer Dachrinne an. So wird das dort hindurchgeleitete Regenwasser von den Sumpfpflanzen gereinigt, bevor es in den Teich gelangt. Ein Sumpfbeet kann aber, sofern man es nicht mit Folie abdichtet, auch einfach der Versickerung von Regenwasser dienen. Im wechselfeuchten Milieu gedeihen Blutweiderich, Mädesüß, Gauklerblume und viele andere Pflanzen.

Oder eine Feuchtwiese: Je nach Wassermenge und Bodenbeschaffenheit legt man sie in einer kleinen Mulde auf dem vorhandenen, eventuell verdichteten Boden oder auf einer Folienabdichtung an. Sie kann ebenfalls den Übergang von einem Regenwasserzulauf zum Teich bilden oder auch an einen vorhandenen Teich anschließen.

Wo der Gartenboden sauer ist, vielleicht sogar aus Moorerde besteht, ist ein kleines Moor mit Wollgras, Sonnentau, Torfmoos und Moosbeere möglich. Auch dafür bietet sich die Versickerung von Regenwasser an. Kalkhaltiges Leitungswasser würden diese Gewächse nicht vertragen.

Mehrere nebeneinander liegende Gewässer, hier durch ein Kiesbett verbunden, bieten den wandernden Amphibien mitunter einen besseren Lebensraum als ein großer Teich.

Teich-Kombinationen

Die einzelnen Kleingewässer müssen nicht unbedingt miteinander verbunden werden. Für die Tierwelt der Gartenteiche ist eine Ansammlung unterschiedlich großer, tiefer und gestalteter Kleingewässer geradezu ideal. Da findet sich für nahezu jedes Insekt und für jeden Lurch ein eigenes Biotop.

Haben Sie bereits einen sehr vegetationsreichen Weiher, so legen Sie daneben einen Kiestümpel an. Während die Frösche vor allem den reichlich mit Pflanzen besetzten Teich lieben, ziehen die Kröten das eher karge Gewässer vor. Mit Trockenmauern, Holzstapeln, Laubschüttungen und Reisighaufen wird der Lebensraum an Land vervollständigt, sodass der Garten

mit seinen verschiedenen Kleinbiotopen ein Dorado für Tiere werden kann.
Die Teichlandschaft im Garten lässt sich ganz einfach erweitern, indem man einen Teich neben dem anderen anlegt. Haben Sie zum Beispiel mit einem Fertigteich begonnen oder befindet sich ein Swimmingpool mit einer streng rechteckigen Form in Ihrem Garten, so können Sie diese starren Linien wunderbar auflockern, indem Sie direkt daneben eine Sumpfzone, einen flachen Tümpel oder Wassergraben oder auch einen großen Teich einplanen.
Reicht die Vegetationszone eines Schwimmteichs zur Reinigung der Wasserpflanzen nicht aus, so können Sie daneben einen weiteren Teich oder eine Sumpfbeetkläranlage anlegen, durch die das Wasser aus dem Schwimmteich wieder gereinigt zurück in den Teich geleitet wird. Es bietet sich jeweils an, diese zusätzlichen Teiche mit Folie abzudichten, denn damit sind Sie in Ihrer Gestaltung am flexibelsten.

Erweiterung vorhandener Teiche

Natürlich lassen sich auch bestehende Teiche erweitern. Wo zum Beispiel ein gemauertes Becken oder ein Beton-Swimmingpool vorhanden ist, das nun in einen Badeteich umgewandelt werden soll, kann man die Seitenwände etwa um ein Drittel ihrer Höhe abtragen und die Teichgrube rundherum erweitern. Der erweiterte Teich wird dann mit einer großen Folie abgedichtet.
Eine andere Variante besteht darin, das Gelände rund um den Swimmingpool mit

Eine Teichlandschaft mit unterschiedlich gestalteten Gewässern hat dieser Gartenfreund auf kleiner Fläche geschaffen. In diesem Garten sind fast alle Amphibien zu Hause.

Erde aufzuschütten und darin den erweiterten Schwimmteich einzubetten. Allerdings muss das aufgeschüttete Erdreich gut verdichtet und befestigt werden, sonst besteht die Gefahr eines Erdrutsches.

Relativ einfach lässt sich ein Bach oder ein Wasserfall an den Teich angliedern, denn er wird ja auf jeden Fall höher als der Wasserspiegel des vorhandenen Teichs angelegt, sodass seine Abdichtung nicht unbedingt mit der des Teiches verbunden werden muss. Die Folie des Bachs oder Wasserfalls kann dann den Teichrand ganz einfach überlappen. Der überlappende Folienrand selbst lässt sich mit Kies oder dekorativen Steinen kaschieren.

Schwieriger ist es, an eine bereits eingebaute Teichfolie ein weiteres Stück zur Erweiterung des Teichs anzuschweißen. Im Kaltschweißverfahren ist dies nur bei PVC-Folien möglich. Voraussetzung ist eine sorgfältige Reinigung der Folie. Da diese Arbeit sehr aufwändig ist und jede noch so kleine Verunreinigung eine undichte Stelle verursachen kann, empfiehlt es sich, damit einen Fachmann zu beauftragen.

An einen formalen Teich lässt sich mit Folie leicht eine Flachwasser- und Sumpfzone angliedern. Die Trennwand des formalen Teichs kann bestehen bleiben.

Materialien zur Abdichtung

Ein Gartenboden, der so lehmig oder tonhaltig ist, dass man auf eine zusätzliche Abdichtung des Teichs verzichten kann, kommt selten vor. Zur Abdichtung stehen verschiedene Materialien zur Verfügung.

Ton

Ton ist nicht überall gleich beschaffen. Wenn er sich zum Brennen von Ziegeln oder zur Porzellanherstellung eignet, muss er noch lange nicht zur Teichabdichtung taugen. Aus diesem Grund bereiten Spezialfirmen Ton eigens für den Teichbau auf. Es gibt diesen Ton als Pulver, als Tonelemente und in Form von beschichteten Matten.

Wichtig sind zwei Dinge: das sachte abfallende Teichprofil und eine Kiesabdeckung von mindestens 20 Zentimeter Dicke. Für Tonteiche empfiehlt sich ein Teichprofil von 1:4 oder sogar 1:5. Fällt die Teichgrube zu steil ab, lässt sich der Ton nicht gleichmäßig verdichten. So entstehen in der Abdichtung dünne Stellen, durch die das Wasser hindurchsickert. Die Teichgrube muss sorgfältig modelliert und anschließend vorverdichtet werden.

Tonmineralpulver wird in einem bestimmten Verhältnis mit Sand und Kies vermischt und dann gleichmäßig aufgetragen und verdichtet. Ein Vlies und eine Schicht Kies hält den Ton auf dem Teichboden fest. Die Abdichtung erfolgt durch Aufquellen des Tons bei Feuchtigkeit.

Tonelemente sind 10–12 Zentimeter dicke industriell vorgefertigte Platten, die erdfeucht in Folie verpackt auf Paletten angeliefert werden. Sie werden einander leicht überlappend auf dem Teichboden ausgelegt und anschließend maschinell mit dem Motorstampfer verdichtet. Zum Schluss wird eine Schicht Kies aufgetragen.

Die dritte Variante sind **Dichtbahnen aus Bentonit** (einem bestimmten Ton), der beiderseitig durch Geovliesplatten geschützt ist. Die Bahnen werden überlappend in der Grube ausgerollt und ebenfalls mit Kies abgedeckt.

Ganz gleich, welche Variante Sie wählen, bei der Abdichtung mit Tonmaterialien muss mit äußerster Sorgfalt gearbeitet werden, sonst wird der Teich nicht dicht.

Ton ist zweifellos das natürlichste Dichtungsmaterial für Teiche. Er schottet den Teich nicht vom Boden ab, sondern bildet eine Übergangsschicht. So bleibt das Wasser bedingt durch das umgebende Erdreich länger kühl, Nährstoffüberschüsse und Schadstoffe werden auch durch das natürliche Material gebunden.

Tonteiche sind meist algenfrei und haben glasklares Wasser. Inwieweit

Erdfeucht und in Folie verpackt werden die Ton-Elemente zur Teichabdichtung auf Paletten an die Baustelle geliefert. Bis zur Verwendung sollten sie bedeckt bleiben.

Die Ton-Elemente werden einander überlappend auf dem Teichboden verlegt, maschinell verdichtet und anschließend mit einer 15 cm dicken Lage Kies bedeckt.

Teichfolien sind das gängigste Material zur Abdichtung. Auf Wunsch werden sie maßgerecht nach einer Skizze für die Teichmulde angefertigt.

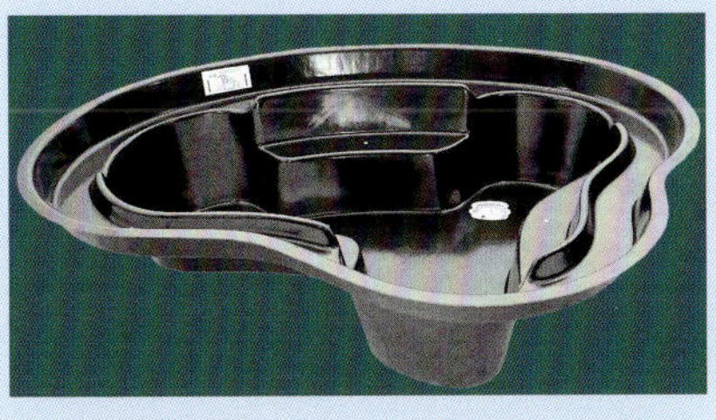

Fertigteiche zeichnen sich durch gute Haltbarkeit und leichten Einbau aus. Leider ist der Teichfreund aber an vorgefertigte Größen und Formate gebunden.

allerdings Ton in der Ökobilanz umweltfreundlicher ist als beispielsweise Folie, ist fraglich. Er wird mit hohem Aufwand von Energie und Rohstoffen aus der Natur entnommen – ein Hersteller bezieht ihn sogar per Schiff aus Griechenland –, und er wird mit hohem Energieaufwand industriell aufbereitet.

Teichfolien

Die gängigste Form der Teichabdichtung sind Teichfolien. Es gibt sie in Stärken von 0,5 bis 2,0 Millimeter und aus vier verschiedenen Materialien:

- **Polyvinylchlorid (PVC)** ist das gängigste und billigste Folienmaterial. Mit diesen Folien werden noch immer die meisten Teiche abgedichtet. Ihr praktischer Vorteil besteht darin, dass man die Bahnen leicht mit einem Kaltschweißmittel verbinden kann. Ob es ratsam ist, diese Arbeit selber auszuführen, ist fraglich. Allerdings lässt sich eine undichte Folie in gleicher Weise mit einem Folienrest flicken – sofern man das Loch findet ...
- **Polyäthylen (PE):** Diese Folien sind etwas teurer und gelten als umweltfreundlicher als PVC-Folien, da sie weder Weichmacher noch Schwermetalle enthalten. Die Bahnen aus PE-Folie lassen sich nicht mit einem Kaltschweißmittel zusammenfügen. Dies kann nur eine Fachfirma mit einem Spezialgerät. PE-Folien sind steifer als PVC-Folien und lassen sich etwas schwerer verlegen. An Haltbarkeit stehen sie jedoch den PVC-Folien in nichts nach.
- **Polyolefin:** Diese Folien haben ähnliche Eigenschafen wie PE-Folien. Sie werden von Fachleuten wegen der Haltbarkeit bevorzugt.
- **Synthesekautschuk (EPDM):** Diese Folien zeichnen sich durch sehr hohe Elastizität aus. Sie sind die teuersten Folien und lassen sich ähnlich PVC-Folien zusammenkleben. Allerdings ist dies schwieriger als bei PVC-Folien.

Für welche Folie Sie sich entscheiden, liegt in Ihrem Ermessen.

Die **Stärke der Folie** richtet sich nach der Größe des Teichs, dem Wasserdruck und nach möglichen äußeren Einwirkungen. Für sehr kleine Teiche reicht eine 0,5-Millimeter-Folie, bei einem Schwimmteich sollte sie über zwei Millimeter stark sein.

Wichtiger als die Folienstärke ist die **richtige Verarbeitung.** Auch wenn man PVC- und EPDM-Folien selber verschweißen kann, ist dies kaum zu empfehlen. Man muss sehr sauber arbeiten, was auf der Gartenbaustelle nicht immer möglich ist. Viele Firmen schweißen die Folienbahnen auch nach den angegebenen Maßen passend für Ihren Teich zusammen.

Die Folienkante wird am Teichrand senkrecht aufgestellt. So trennt sie den Wasserspiegel und die Sumpfzone vom Erdreich, das den Teich umgibt. Diese Kapillarsperre hilft, Wasserverluste zu vermeiden.

Abdichtung Schritt für Schritt

① Markieren Sie an der gewünschten Stelle den Umriss des Teiches und heben Sie die Grube aus. Die ausgehobene Erde lagern Sie in drei Schichten am Teichrand ab. Die Erde aus der tiefsten Schicht eignet sich als Pflanzerde für die Wasserpflanzen. Mit dem übrigen Aushub kann ein kleiner Hügel aufgeschüttet werden. Das Gefälle sollte sachte abfallen, also nicht steiler als 1:3, besser noch flacher. Bemessen Sie die Sumpf- und Flachwasserzone bis etwa 30 Zentimeter Tiefe nicht zu klein. Bauen Sie für die Flach- und Seichtwasserzone jeweils ein Podest ein. Dort lassen sich die Pflanzen besser platzieren als auf einer schiefen Ebene. Planieren Sie die Teichgrube sorgfältig, entfernen Sie spitze Steine und Wurzeln und klopfen Sie die Erde mit der Schaufel fest.

② Zur Bestellung der Folie messen Sie zuerst den Abstand der beiden am weitesten voneinander entfernten Punkte der Grube und anschließend rechtwinklig zu dieser Linie jeweils im Abstand von ein bis zwei Metern die Entfernungen quer durch die Grube. Dabei muss das Maßband auf dem Boden aufliegen. Alle Maße zeichnen Sie in eine Skizze ein, die Sie mit Ihrer Bestellung an die Lieferfirma der Folie senden. Bestellen Sie die passende Menge Vlies zum Unterlegen gleich mit.

③ Gibt es Bäume oder hohe Ziergräser mit einem ausladenden Wurzelwerk in der Nähe der Teichgrube, empfiehlt sich ein so genannter Wurzelvorhang. Bei steinigen Böden trägt man eine zehn Zentimeter dicke Schicht Sand auf und klopft sie mit der Schaufel fest.

④ Auf dieser Sandschicht werden dann die Vliesbahnen ausgerollt, sodass sie sich um etwa zehn Zentimeter überlappen.

⑤ Haben Sie die Folie nach Ihren speziellen Maßen anfertigen lassen, so wird sie gefaltet und zusammengerollt von der Firma angeliefert werden. Sie legen das Paket mit der aufgerollten Folie an der Längsseite an und rollen die Folie erst einmal der Länge nach durch die Teichgrube. Anschließend können Sie die Folie nach beiden Seiten auseinander ziehen.

⑥ Achten Sie am Teichrand rundherum auf die gleiche Geländehöhe. Schlagen Sie dazu rund um den Teich Höhenpflöcke ein. Die Höhe wird mit einem Richtscheid (ersatzweise einem geraden Brett mit aufgelegter Wasserwaage) oder einem durchsichtigen Kunststoffschlauch (Schlauchwaage) von einem Pflock zum anderen übertragen. Auch mit Wasserwaage und Schnur lässt sich die Höhe festlegen. Die richtige Höhe des Teich-

Mit Sägemehl oder anderem, gut sichtbarem Streugut lassen sich die Umrisse des geplanten Teiches leicht markieren. Danach wird die Grube ausgehoben.

Sorgfältig wird die Teichmulde mit sanftem Gefälle modelliert. Dabei muss auch auf eine Randausbildung in rundum gleicher Geländehöhe geachtet werden.

In der Regel reicht es, die Teichfolie mit einem schützenden Vlies zu unterlegen. Bei sehr steinigem Boden empfiehlt es sich, vorher noch eine Lage Sand auszubringen.

rands muss so gewählt werden, dass die Folie mit der Oberfläche des umliegenden Geländes abschließt. Richten Sie sich nach einer Stelle am Rand der Grube, deren Höhe dem umgebenden Gelände entspricht, und übertragen Sie diese Höhe auf alle anderen Pflöcke. Später muss gegebenenfalls hier und dort außerhalb der Folienabdichtung Erde abgetragen oder angeschüttet werden.

⑦ Zwangsläufig bildet die Folie Falten. Besser schmiegt sie sich unter dem Wasserdruck an den Untergrund an, wenn sie gut geglättet und an bestimmten Stellen einige wenige Falten gelegt werden.

⑧ Am Teichrand legt man die Folie zunächst waagerecht auf einer Breite von 30 bis 50 Zentimetern aus und richtet sie dann senkrecht auf, etwa zehn Zentimeter hoch. Dieser hochgestellte Folienrand bildet eine Kapillarsperre, er trennt den Wasserspiegel und die Sumpfzone des Teichs von dem Gartenboden am Ufer und verhindert auf diese Weise, dass das trockene Erdreich der Umgebung im Sommer das Wasser aus dem Teich saugt.

⑨ Ein Überlauf des Teiches ist meistens nicht erforderlich. Bei einem bindigen Boden oder starker Zufuhr aus der Regenrinne kann es bei anhaltendem Regen oder Wolkenbruch allerdings zu einer kurzfristigen Überschwemmung des angrenzenden Gartenbereichs kommen. In diesem Fall ist ein eingebauter Überlauf eine Überlegung wert. Dazu brauchen Sie nur die Folie an einer Stelle ein wenig abzusenken und nach außen zu biegen. Dahinter heben Sie eine kleine Rinne aus, durch die das Wasser abfließen kann und vielleicht in einer Sickergrube versickert. In diesem Graben können Feuchtigkeit liebende Stauden angesiedelt werden.

⑩ Die Wasser- und Sumpfpflanzen benötigen nur wenig Erde. Deshalb sollte die Folie nicht mit Erde, sondern mit nur einer dünnen Sand- oder Kiesschicht abgedeckt werden.

⑪ Etwa zwei bis drei Wochen, nachdem der Teich voll Wasser gelaufen ist, wird die Folie rundherum bodeneben abgeschnitten, und zwar nach den Markierungen der eingeschlagenen Höhenpflöcke, die vorher noch einmal überprüft werden sollten.

Von innen wird die Folie mit Kies befestigt, von außen wird Erde so anplaniert, dass nur noch die obere Kante der Folie sichtbar bleibt. Später, wenn von innen und außen die Pflanzen hochgewachsen sind, nimmt man diese Folienkante nicht mehr wahr.

Die Bildung von Falten lässt sich beim Auslegen der Teichfolie nie ganz vermeiden. Man glättet die Folie, so gut es geht, und faltet sie an wenigen günstigen Stellen.

Die ersten Pflanzkörbe stehen auf dem Teichboden, und langsam läuft Wasser hinein. Zeit genug, um die Pflanzen der Flachwasserzone einzusetzen.

Nährstoffarme Erde benötigen die Pflanzen nur rund um ihre Wurzeln in den Pflanzkörben. Die Folie wird lückenlos mit einer dünnen Kiesschicht bedeckt.

Bepflanzung

Wasserpflanzen können vom Frühjahr bis in den Spätsommer gepflanzt werden. Empfehlenswert ist jedoch der Mai. Um diese Zeit bieten auch die Wasserpflanzen- und Staudengärtnereien das reichhaltigste Sortiment an. Das Wasser erwärmt sich allmählich, und die Pflanzen haben einen ganzen Sommer vor sich, um anzuwachsen und sich zu entwickeln. Lassen Sie sich nicht durch die scheinbar günstigen Pflanzenangebote von Billigmärkten verlocken. Kaufen Sie in dem »Bund deutscher Staudengärtner« angeschlossenen Staudengärtnereien oder in Wasserpflanzengärtnereien. (Manche Staudengärtnereien gehören sogar einem biologischen Anbauverband wie Bioland oder Naturland an.) Dort bekommen Sie Ware mit guter Qualität. Die dort angebotenen Pflanzen sind gut beschildert und die Seerosen mit Sortennamen beschriftet. Achten Sie bei der Auswahl auf die angegebenen Wassertiefen. Üppiges Blattwerk und viele Blüten zeugen nicht unbedingt von besonders guter Qualität. Viel mehr kommt es auf den Wurzelstock an: Eine Pflanze beispielsweise, deren Wurzeln aus den Abzugslöchern des Containers herausquellen, ist »überständig«, das heißt, sie wächst in der Regel nur noch schwer an. Lassen Sie sich im Zweifelsfall die Pflanzen austopfen. Der Wurzelballen sollte gleichmäßig von hellen Wurzeln durchwachsen sein.

Pflanzen ins Trockene oder ins Wasser setzen

Stark wachsende Pflanzen wie die Seerosen für tiefes Wasser, Rohrkolben, Kalmus und Simsen werden am besten in Körbe gepflanzt. Bei Pflanzarbeiten im Sumpf oder im flachen Wasser empfiehlt es sich eher, die Pflanzen direkt auf die Folie zu setzen.

Im noch trockenen Teich gehen die Pflanzarbeiten schnell und bequem vonstatten. Allerdings vertragen Wasserpflanzen Trockenheit nicht allzu lange. Empfehlenswert ist dies daher nur bei sehr kleinen Teichen, die dann binnen weniger Stunden voll laufen.

Ist der Teich bereits mit Wasser gefüllt, können die Pflanzen nur noch in Pflanzkörben eingesetzt werden. Dies ist bei großen Teichen nicht ganz leicht: Entweder geht man mit Gummistiefeln oder in Badekleidung ins Wasser, oder man legt eine lange dicke Bohle oder cinc Lcitcr mit einem darüber gelegten Brett über den Teich und senkt die Pflanzen vorn dort aus ab.

Seerosen pflanzt man am besten in Gitterkörbe. Die Behälter werden mit Vlies ausgekleidet, die Seerose hineingesetzt und anschließend Erde eingefüllt. Kies auf der Oberfläche hält die Erde fest.

Sonne erwärmt Wasser

Vorteile der späteren Pflanzung: Sie können das Wasser schon früher einlassen und warten, bis es die Sonne erwärmt hat. Wenn Sie größere Mengen von Regenwasser vom Dach sammeln können, haben Sie Zeit, bis sich der Teich von selbst gefüllt hat. Am praktikabelsten ist es, den Teich zunächst zur Hälfte mit Wasser zu füllen und dann nach einer Periode mit sonnigen Tagen die Pflanzen der tiefen und seichten Wasserzone einzusetzen. Danach füllen Sie den Teich auf und setzen die Pflanzen der Flachwasser- und Sumpfzone ein.

Bringen Sie keinen Mutterboden in den Teich. Die darin enthaltenen Nährstoffe gelangen ins Wasser und fördern das Algenwachstum. Verwenden Sie die Erde aus der tiefsten Schicht des Teichaushubs. Sie ist nährstoffarm und meist etwas lehmig. Je nach Beschaffenheit magern Sie die Erde noch mit etwas Kies oder Sand ab. Im Teich sammeln sich so viele nährstoffreiche Bestandteile, die den Pflanzen durch die Mikroorganismen zugeführt werden, dass das Wachstum ohnehin meist stärker voranschreitet als uns lieb ist.

Mit und ohne Korb

Die Pflanzcontainer werden mit Vlies ausgelegt, dann bedeckt man den Boden mit etwas Erde und setzt

die ausgetopfte Pflanze hinein. Mit der Hand lockert man den Wurzelballen ein wenig auf. Bekommt man Wasserpflanzen mit nackten Wurzeln, so schneidet man diese mit einer scharfen Schere ein wenig an, entfernt abgeknickte und faulende Teile und glättet die gebrochenen Flächen dicker Wurzelstöcke mit dem Messer. Zum Schutz vor Fäulnis und Krankheiten werden die Schnittflächen abschließend noch mit etwas Holzkohlenpuder eingestrichen.

Die Wurzeln müssen senkrecht in die Erde kommen: Mit einer Hand die Pflanze halten, mit der anderen locker rund um die Wurzeln Erde einfüllen und anschließend die Erde an den Rändern des Pflanzkorbs festdrücken. Die Oberfläche wird mit Kieselsteinen abgedeckt, damit die Erde nicht aufschwimmt. Dann können die Körbe ins Wasser abgesenkt werden.

Links: Krebsscheren werden einfach ins Wasser geworfen. Als Schwimmpflanzen ernähren sie sich aus dem Teichwasser. Oben: Gitterkörbe lassen sich von einer über den Teich gelegten Leiter aus gut auf dem Teichboden platzieren.

Pflanzen, die nicht in Körbe gesetzt werden, topfen Sie aus, rauen den Wurzelballen auf und stellen sie am gewünschten Platz auf die Folie. Rund um die Wurzeln füllen Sie so viel Erde auf, dass diese bedeckt sind, und decken dann die Erde mit ein paar Steinen ab.

PFLANZEN

WASSERPFLANZEN

Wasserpflanzen sind Stauden. Sie treiben aus einem Wurzelstock aus, bringen Blätter und Blüten hervor und ziehen im Herbst wieder ein. Von Jahr zu Jahr entwickeln sie sich kräftiger. Der einzige Unterschied zu ihren Schwestern an Land: Sie wachsen im Wasser. Entweder sind sie mit den Wurzeln im Teichboden verankert und beziehen aus dem Bodenschlick ihre Nahrung, oder sie schwimmen frei im Wasser. Die Wurzeln der Wasserpflanzen werden durch die Blattspreiten über die Blattstiele mit Sauerstoff versorgt. Unterwasserpflanzen nehmen ihre Nährstoffe zum Teil durch die Blattstiele auf. Schwimmpflanzen bilden an ihrer Unterseite kleine Würzelchen aus, mit denen sie sich die Nahrung direkt aus dem Wasser holen.

Bis auf die schon zuvor (Seite 31 ff.) vorgestellten tropischen und subtropischen Seerosen und Wasserpflanzen sind alle Wasserstauden, die Gärtnereien oder Gartencenter für Gartenteiche anbieten, heimisch, oder sie stammen aus Gebieten der Erde mit ähnlichem Klima wie in unseren

Meist braucht man nicht mehr als ein paar Wasserpflanzen, um sich schon nach wenigen Jahren an einer üppigen Teichflora mit blühenden Seerosen und einer vielfältigen Uferbewuchs zu erfreuen.

Breiten. Sie sind, von wenigen Ausnahmen abgesehen, die während anhaltender Frostperioden Winterschutz brauchen, deshalb auch durchweg winterhart.

Ansprüche ans Wasser

Wasserpflanzen stellen vor allem Ansprüche an die Wassertiefe. Die meisten gedeihen in der Flachwasserzone (0 bis 30 Zentimeter). In der Seichtwasserzone (30 bis 50 Zentimeter) sowie im tiefen Wasser (ab 50 Zentimeter bis in der Regel 80 bis 120 Zentimeter) nimmt die Vielfalt der Pflanzen ab.

Bei der Auswahl der Pflanzen muss genau auf die Wassertiefe geachtet werden. Wasserpflanzen, die zu tief gepflanzt werden, gedeihen nämlich schlecht, bringen nur Blätter hervor oder gehen ganz ein. Und Tiefwasserpflanzen, zum Beispiel Seerosen-Sorten, die für tiefes Wasser bestimmt sind, können alles überwuchern, wenn sie in zu flaches Wasser gesetzt werden.

Die meisten Arten gedeihen in der Flachwasser- und Sumpfzone. Deshalb sollten diese Bereiche nicht zu klein bemessen sein. Auch werden die Pflanzen dort sparsam angeordnet, weil sie sich rasch ausbreiten. Unterwasser- und Schwimmpflanzen können von einer einzigen Pflanze ausgehend einen dichten Teppich bilden.

Wie auf einer Staudenrabatte kann es in einem Teich von Frühjahr bis Herbst ununterbrochen blühen. Ende März zeigen sich die ersten Blüten der Sumpfdotterblumen, und Anfang Oktober verblüht die letzte Seerose. Nimmt man die Staudenrabatte am Ufer dazu, dann beginnt die Blüte im Frühjahr noch zeitiger und endet erst im November. Einige Wasserpflanzen zeigen genau wie die Stauden an Land eine schöne Herbstfärbung.

Von der Ufervegetation bis zur Tiefenzone – bei einem Gefälle von 1:3 empfiehlt es sich, zur leichteren Platzierung der Pflanzen kleine Podeste einzubauen.

Schwimm- und Unterwasserpflanzen

Deutscher Name	Botanischer Name	Blütezeit[1]) und -farbe	Eigenschaften	Empfehlenswerte Wassertiefe (in cm)	S/U*
Ähriges Tausendblatt	*Myriophyllum spicatum*	6–9 zartrosa	wintergrün, Sauerstofflieferant	ab 30	U
Armleuchteralge	*Nitella flexilis*	unauffällig	liebt sauerstoffreiches Wasser	flaches Wasser	U
Dreifurchige Wasserlinse	*Lemna triscula*	keine	wuchert nicht so stark wie *L. minor*	flaches Wasser	S
Flutender Hahnenfuß	*Ranunculus fluitans*	6–9 weiß	für fließende Gewässer	ab 50	U
Glänzendes Laichkraut	*Potamogeton lucens*	Ähre mit vielen Einzelblüten	weit ausbreitend	50–60	U
Grasblättriges Pfeilkraut	*Sagittaria graminea*	keine	bis zu 50 cm lange Blätter, überwintert als Knolle	40–60	U
Hornblatt	*Ceratophyllum demersum*	6–9 unauffällig	reich verzweigt, Sauerstofflieferant	ab 30	U
Kammförmiges Laichkraut	*Potamogeton pectinatus*	5 cm lange Ähren	bietet Kleintieren des Wassers Unterschlupf	50–60	U
Krauses Laichkraut	*Potamogeton crispus*	keine	überwintert mit Winterknospen	50–60	U
Nadelkraut	*Crassula recurva*	unscheinbar weiß	guter Sauerstoffproduzent	ab 30	U
Nadelsimse	*Eleocharis acicularis*	keine	bei dichtem Bewuchs gegen Algen	20–60	U
Quirliges Tausendblatt	*Myriophyllum verticillatum*	6–9 rosa	Sauerstofflieferant, überwintert durch Winterknospen	ab 30	U
Raue Alge	*Chara aspera*	keine	liebt nährstoff- und sauerstoffreiches Wasser, sorgt für klares Wasser	ab 30	U
Spreizender Hahnenfuß	*Ranunculus circinatus*	5–8 weiß	vor allem für fließendes Wasser geeignet	50–60	U
Wasserfeder	*Hottonia palustris*	5–7 zartrosa	bester Standort: flaches Wasser, schattiger Bereich	ab 20	U
Wasser-Hahnenfuß	*Ranunculus aquatilis*	5–8 weiß	sorgt für sauberes, klares Wasser auch in Fischteichen	50–60	U
Wassermoos	*Fontinalis antipyretica*	keine	immergrüner Sauerstofflieferant, Ablaichpflanze, liebt auch fließendes Wasser	20–30	S
Wasserquirl	*Hydrilla verticillata*	keine	stark wachsend, überwintert durch Winterknospen	ab 30	U
Wasserschlauch	*Utricularia vulgaris*	6–8 gelb	liebt warmes weiches Wasser, ernährt sich von kleinen Wassertieren	30	U
Wasserstern	*Callitriche*-Arten	6–7	üppige Polster bildend, wertvoller Sauerstofflieferant auch im Winter	ab 10	U
Tausendblatt	*Myriophyllum*-Arten	6–9	weiches Wasser, Sauerstoffspender	ab 30	U
Froschbiss	*Hydrocharis morsus-ranae*	7–8 weiß	überwintert durch Winterknospen	variabel	S
Kleine Wasserlinse	*Lemna minor*	keine	bildet dichte Teppiche	variabel	S
Krebsschere	*Stratiotes aloides*	5–7 weiß	überwintert auf dem Teichboden	ab 40	S
Wasser-Lebermoos	*Riccia fluitans*	keine	bildet Polster	ab 25	S

[1]) in Monaten; *S = Schwimmpflanze, U = Unterwasserpflanze

SCHWIMM- UND UNTERWASSERPFLANZEN

Froschbiss *(Hydrocharis morsus-ranae)*

Krebsschere *(Stratiotes aloides)*

Hornkraut *(Ceratophyllum demersum)*

Schwimmpflanzen lassen sich sehr leicht ansiedeln: Man wirft sie einfach ins Wasser. Im noch jungen Teich mit nährstoffreichem Wasser genügt meist eine einzige Pflanze. Sie schwimmt auf dem Wasser und bezieht ihren Platz, wohin sie der Wind getrieben hat. Der Froschbiss vermehrt sich auf dem Wasser durch Ausläuferfäden. Vor dem Winter zeigt er eine schöne Herbstfärbung und löst sich danach auf. Es bleiben jedoch kleine Winterknospen, aus denen auf dem Teichboden im nächsten Frühjahr junge Pflanzen heranwachsen, die dann erneut an die Wasseroberfläche steigen. Die Krebsschere taucht im Herbst ab und bildet im Frühjahr Tochterrosetten, die wieder auftauchen. Vorsicht mit der Kleinen Wasserlinse, auch »Entengrütze« oder »Entenflott« genannt. Sie kann zur Plage werden.

Unterwasserpflanzen sind meist untergetaucht lebende Schwimmpflanzen, die sich teppichartig auf dem Teichboden ausbreiten. Oft reicht es, eine einzige Pflanze mit einem Stein zu fixieren. Unterwasserpflanzen nehmen wie Schwimmpflanzen Nährstoffüberschüsse aus dem Wasser auf. Außerdem setzen sie Sauerstoff frei. Vorsicht mit der Wasserpest. Sie wuchert stark und kann andere Pflanzen verdrängen.

Wasserfeder *(Hottonia palustris)*

Wasser-Hahnenfuß *(Ranunculus aquatica)*

Wasserlebermoos *(Riccia fluitans)*

Seerosen – die Königinnen des Wassers

Sie sind die Krönung der Vegetation eines jeden Gartenteichs! Mit ihren weißen, rosa oder roten Blüten und den zum Teil marmoriert gezeichneten Blättern fallen sie sofort ins Auge. Und die Vielfalt der Sorten ist so groß, dass sich selbst manche Fachleute nicht mehr hindurchfinden.

Seerosen sind Schwimmblattpflanzen, was nicht mit den auf Seite 84 beschriebenen Schwimmpflanzen verwechselt werden darf. Mit ihren Wurzeln sind sie im Teichboden verankert, und sie entnehmen ihre Nahrung aus dem Boden. Von dort wachsen ihre Blätter an die Oberfläche und legen ihre Blattspreiten schwimmend auf den Wasserspiegel. Mit ihren großen Blättern beschatten sie das Wasser. Unter den unzähligen Arten und Sorten von Seerosen gibt es für jede Wassertiefe etwas, von 10 bis 120 Zentimeter.

Die Auswahl nach der Wassertiefe ist besonders wichtig, denn Sorten, die eigentlich fürs flache Wasser bestimmt sind, gedeihen im tiefen Wasser nur schlecht und blühen nicht, wenn sie nicht sogar ganz eingehen. Dagegen können Seerosen der Tiefenzone alles überwuchern, wenn der Teich für sie zu flach ist.

Umgeben von einem Gefolge aus Schwertlilien, Trollblumen, Hechtkraut und Sumpfdotterblumen, residiert die Königin des Wassers in der Mitte des Teichs.

Seerosen für Naturteiche und große formale Teiche

Art/Sorte	Blütenform	Blütenfarbe/-duft	Blattzeichnung	Wassertiefe[1])	Platzbedarf in m²	Bemerkungen
Nymphaea alba	tassenförmig	weiß, Duft	glänzend grün	80–120	>1	heimische Seerose, Naturschutz, wüchsig
Nymphaea candida	sternförmig	weiß	grün	40–80	0,3–0,5	seltene heimische Art, steht unter Naturschutz
'Anna Epple'	tassenförmig	rosa, schwacher Duft	hellgrün	40–60	1	blüht willig, lange; wüchsig
'Atropurpurea'	tassenförmig	dunkel karminrot, schwacher Duft	grün mit rotem Rand	40–60	1	wüchsig
'Attraction'	tulpenförmig	granatrot, Duft	grün	50–80	1	nur für große Teiche
'Charles de Meurville'	offen tassenförmig	weinrot, Duft	dunkelgrün	60–100	0,5	wüchsig
'Colonel A. J. Welch'	sternförmig	gelb, schwacher Duft	junge Blätter rotbraun gesprenkelt	100–120	>1	sehr wüchsig, blüht mäßig
'Escarboucle'	schalen- bis tassenförmig	rubinrot, Duft	grün	50–70	0,5	blüht spät vormittags bis abends, bis Oktober
'Firecrest'	sternförmig	pfirsichrosa	grün	40–80	1–2	wüchsig
'Gladstoniana'	sternförmig	weiß, schwacher Duft	grün	80–100 (200)	>1	stark wachsend, nur für große Teiche
'Hermine'	sternförmig	weiß	grün	50–80	0,5	reich blühend
'James Brydon'	kugelig	kirschrot	dunkelgrün, braune Flecken auf jungen Blättern	40–60	0,5	blüht lange und reich
'Mme Wilfron Gonnère'	kugelig	rosa, schwacher Duft	grün	40–60	0,5	gefüllte Blüte
'Marliacaea Albida'	sternförmig	weiß, schwacher Duft	dunkelgrün mit leicht rosa Färbung bei jungen Blättern	50–80	>1	eingewachsene Pflanzen vertragen 1 m Wasserstand
'Marliacaea Chromatella'	sternförmig	leuchtend gelb, schwacher Duft	grün, junge Blätter mit brauner Zeichnung	50–80	1	wie oben
'Marliacaea Rosea'	sternfömig	zartrosa, Vanilleduft	grün	50–80	1	wie oben
'Masaniello'	tassenförmig	rosarot	grün	40–80	0,5	ausdauernde Blüte
'Richardsonii'	kugelig	weiß, süßlicher Duft	grün	80–100	1	gefüllte Blüten
'Rosennymphe'	sternförmig	hellrosa	grün	70–80	1	wüchsig, jedoch auf Umpflanzschock achten
'Sioux'	sternförmig	kupfergelb-orange	dunkelgrün	60–80	1	warmer Standort
'Sulphurea'	strahlenförmig	schwefelgelb	junge Blätter gefleckt	60–80	1	warmer Standort, wüchsig

[1]) in Zentimeter

Weiße Seerose *(Nymphaea alba)*

Seerosen-Pflege

Gepflanzt werden Seerosen am besten in Körbe, die nicht zu klein bemessen sein sollten. Dort bekommen sie für ihr kräftiges Wurzelwerk einerseits genügend Wurzelraum, andererseits wird eben dieses Wurzelwerk auch durch den Korb etwas eingedämmt.

Als Pflanzerde empfiehlt sich eine Lehm-Sand-Mischung. Dünger benötigen die Königinnen des Gartenteichs nicht unbedingt. Allenfalls kann etwas Hornspandünger zugesetzt werden.

Bis auf die tropischen und subtropischen Arten und Sorten, die auf jeden Fall frostfrei überwintern müssen, sowie einige gelb, orange oder kupferfarben blühenden Sorten, die geschützt stehen sollten, sind alle im Handel erhältlichen Seerosen winterhart, auch diejenigen, die in der Flachwasserzone gedeihen. Dort bleiben sie auch im Winter. Dass sie in tiefere Wasserzonen gestellt werden müssen, ist ein weit verbreitetes Märchen.

Die Königinnen des Wassers sind wie alle anderen Wasserpflanzen weitgehend problemlos zu halten. Nur selten werden sie von Krankheiten oder Schädlingen befallen.

'Gladstoniana'

'Anna Epple'

Sortenvielfalt

Die Vielfalt der Seerosen ist so groß, dass es sich lohnt, die Sorten und ihre Eigenschaften kennen zu lernen. Nicht nur was ihre Ansprüche an die Wassertiefe betrifft, auch hinsichtlich Wurzelwerk, in den Blütenformen und -farben sowie in der zum Teil sehr eindrucksvollen Zeichnung der Blätter zeigen die Königinnen des Wassers eine erstaunliche Variationsbreite. Diese ergibt sich aus den Wildarten, aus denen die heutigen Sorten gezüchtet wurden.

Unsere heimische Seerose ist die Weiße Seerose *(Nymphaea alba)*. Andere Arten sind ebenfalls in unseren Breiten, zum Teil aber auch in Skandinavien, in Russland oder Kanada beheimatet: die Duftende Seerose *(Nymphaea odorata)*, die Glänzende Seerose *(Nymphaea candida)*, die aus Amerika stammende Seerose *Nymphaea tuberosa* sowie die zier-

'Rosennymphe'

'Firecrest'

'Sulphurea'

liche weiße Zwerg-Seerose *(Nymphaea tetragona)*.
Die heutigen Sorten wurden aus diesen urspünglichen Arten selektiert und gekreuzt. Dabei entstanden Seerosen mit unterschiedlichen Blütenfarben und -formen, die bei uns durchweg winterhart sind.

'Mme Wilfron Gonnère'

Dass es auf der Basis der genannten meist weiß oder rosa blühenden Arten auch gelbe, orange oder rote gibt, hängt damit zusammen, dass die Züchter auch Seerosen aus wärmeren Ländern, zum Beispiel *Nymphaea mexicana,* mit unserer heimischen *Nymphaea alba* gekreuzt haben.
Die Wurzelstöcke bestehen meist aus langen, bis zu armdicken Rhizomen, aus denen die Wurzeln zum Boden und die Blätter an die Wasseroberfläche treiben.
Während die Wurzelstöcke unseren Augen meist verborgen bleiben, können die Blüten nicht nur in ihren Farben, sondern auch in den Formen sehr unterschiedlich ausgestaltet sein. Karl Wachter nennt in seinem Buch »Seerosen« acht verschiedene Blütenformen: kelchförmig ('Froebelii'), tulpenförmig ('Hermine'), chrysanthemenförmig ('Gloire du Temple-sur-lot'), kugelig ('James Brydon'), strahlenförmig ('Carolinia Rosea'), schalenförmig ('Conqueror'), tassenförmig ('Anna Epple') und sternförmig ('René Gérard').
Experten unterscheiden Seerosen übrigens auch nach den Blattformen – zum Beispiel »kreisförmig weit geöffnete Blatteinschnitte«, »oval, halb geöffneter Blatteinschnitt«, »rechts oder links überdeckende Basallappen«, usw.
Bei manchen Sorten sind die Blätter eine besondere Zierde: Sie können bräunlich gefleckt, gestreift oder marmoriert sein und sich obendrein während ihrer Lebensdauer in der Zeichnung verändern.

'James Brydon'

Pflanzen für den Gartenteich

Deutscher Name	Botanischer Name	Blütezeit[1]) und -farbe	Höhe in cm	Eigenschaften	Benachbarungen
Tiefes Wasser (50–120 cm Tiefe)					
Afrikanische Wasserähre	*Aponogeton distachyos*	6–10 weiß	Schwimmblattpflanze	duftend, Knolle auf Teichboden darf nicht einfrieren	Goldkeule *(Orontium aquaticum)*
Gelbe Teichrose	*Nuphar lutea*	6–9 gelb	Schwimmblattpflanze	gedeiht auch im Schatten und bewegten Wasser	Alleinstellung in großen und tiefen Teichen
Seekanne	*Nymphoides peltata*	6–8 gelb	Schwimmblattpflanze	stark ausbreitend	Kalmus *(Acorus calamus)*, Schwanenblume *(Butomus umbellatus)*, Wasser-Schwertlilie *(Iris pseudacorus)*
Seerose	*Nymphaea*-Arten und -sorten	6–9 weiß, gelb, rosa, rot	Schwimmblattpflanze	viele Sorten für unterschiedliche Tiefenzonen	Alleinstellung in der Mitte des Teiches, evtl. mit Flachwasser- und Sumpfflora
Schwimmendes Laichkraut	*Potamogeton natans*	unscheinbar	Schwimmblattpflanze	stark wuchernd	allein in der Teichmitte
Wassernuss	*Trapa natans*	6–9 weiß	Schwimmblattpflanze	in gut erwärmtem kalkarmem Gewässer	allein kommt die Schönheit der Blattrosetten am besten zur Geltung
Seichtes Wasser (25–50 cm Tiefe)					
Goldkeule	*Orontium aquaticum*	5–6 weiß	bis 50	Winterschutz erforderlich	Breitblättriges Pfeilkraut *(Sagittaria latifolia)*, See-Simse *(Schoenoplectus lacustris)*
Ästiger Igelkolben	*Sparganium erectum*	7–9 weiß	100–150	stachelige Samenstände	See-Simse *(Schoenoplectus*-Arten), Rohrkolben *(Typha*-Arten),
Kleine Teichrose	*Nuphar pumila*	6–8 gelb	Schwimmblattpflanze	gedeiht auch im Schatten	Alleinstellung
Mandschurischer Wildreis	*Zizania aquatica*	keine	150–180	schöne Herbstfärbung	Sumpf-Vergissmeinnicht *(Myosotis palustris)*, Pfennigkraut *(Lysimachia nummularia)*
Gewöhnliches Pfeilkraut	*Sagittaria sagittifolia*	6–8 weiß	30–60	Blüte mit rotem Auge	Blaugrüne Binse *(Juncus inflexus)*, Schwanenblume *(Butomus umbellatus)*, Strauß-Felberich *(Lysimachia thyrsifolia)*
Rohrkolben	*Typha angustifolia, T. laxmannii, T. latifolia, T. shuttleworthii*	7–8 braun	100–180 je nach Art	wuchernd	Bachbunge *(Veronica beccabunga)*, Froschlöffel *(Alisma*-Arten), Gauklerblume *(Mimulus lutea, M. ringens)*, Pfennigkraut *(Lysimachia nummularia)*
See-Simse Teich-Simse	*Schoenoplectus lacustris* (Syn.: *Scirpus lacustris)*	7–8 braun	200	bis 2 m hoch, wuchernd	Blutweiderich *(Lythrum salicaria)*, Hechtkraut *(Pontederia*-Arten), Igelkolben *(Sparganium erectum)*
Tannenwedel	*Hippuris vulgaris*	keine	40	nadelartige Blätter	Froschlöffel *(Alisma plantago-aquatica)*, Pfeilkraut *(Sagittaria*-Arten), Simse *(Schoenoplectus)*
Teich-Simse	*Schoenoplectus tabernaemontani*	6–7 braun	120–150	eine weiß gestreifte Sorte heißt 'Zebrinus'	Kalmus *(Acorus calamus)*, Seggen *(Carex*-Arten)
Wasser-Minze	*Mentha aquatica*	6–9 violett	40–50	intensives Minze-Aroma	Wasser-Schwertlilie *(Iris pseudacorus)*
Zungen-Hahnenfuß	*Ranunculus lingua*	6–9 gelb	150	Blütenstände bis 150 cm	Mädesüß *(Filipendula*-Arten)

[1]) in Monaten

Deutscher Name	Botanischer Name	Blütezeit[1]) und -farbe	Höhe in cm	Eigenschaften	Benachbarungen
Flaches Wasser (0–25 cm Tiefe)					
Amerikanische Sumpf-Iris	*Iris versicolor*	6–7 violett, rot	60–80	bis 10 cm Wassertiefe	Sumpfdotterblume *(Caltha palustris),* Sumpf-Vergissmeinnicht *(Myosotis palustris)*
Bachbunge	*Veronica beccabunga*	5–9 blau	20–30	10 cm Wassertiefe	Sumpfdotterblume *(Caltha palustris),* Kalmus *(Acorus calamus),* Kleiner Rohrkolben *(Typha minima)*
Blaugrüne Binse	*Juncus inflexus*	7–8 braun	40–60	wintergrün	Pfeilkraut *(Sagittaria*-Arten), Sumpf-Vergissmeinnicht *(Myosotis palustris),* Sumpf-Blutauge *(Potentilla palustris)*
Brennender Hahnenfuß	*Ranunculus flammula*	6–9 gelb	30–40	blüht zart und reichlich	Blutweiderich *(Lythrum salicaria),* Kleiner Rohrkolben *(Typha minima),* Sumpf-Blutauge *(Potentilla palustris)*
Fieberklee	*Menyanthes trifoliata*	6–7	20–25	liebt saure Erde und weiches Wasser	Froschlöffel *(Alisma plantago-aquatica),* Kalmus *(Acorus calamus),* Strauß-Felberich *(Lysimachia thyrsifolia)*
Froschlöffel	*Alisma gamineum, A. lanceolatum, A. parviflora, A. plantago-aquatica*	6–9, je nach Art weiß, rosa	40–80 je nach Art	sät sich auch selber aus	Rohrkolben *(Thypha*-Arten), Schwanenblume *(Butomus umbellatus),* Sumpfdotterblume *(Caltha palustris)*
Hechtkraut	*Pontederia cordata*	6–8 blau	50–60	herzförmige Blätter, Winterschutz angebracht	kommt am besten allein zur Geltung, in größeren Teichen: Simsen *(Schoenoplectus)*
Kalmus	*Acorus calamus*	6–7 grün	60	stark wuchernde Heilpflanze, weiß gestreifte Form 'Varigatus'	Mandschurischer Wildreis *(Zizania latifolia),* Rohrkolben *(Typha*-Arten)
Kleiner Rohrkolben	*Typha minima*	5–6 braun	bis 80	nicht wuchernd	Brennender Hahnenfuß *(Ranunculus flammula)*
Gelbe Scheinkalla	*Lysichiton americanus*	4–5 gelb	50	30–50 cm dicke Bodenschicht	Hechtkraut *(Pontederia*-Arten), Primeln *(Primula*-Arten), Sumpf-Vergissmeinnicht *(Myosotis palustris)*
Weiße Scheinkalla	*Lysichiton camtschatcensis*	5–6 weiß	40	wie oben	wie Gelbe Scheinkalla
Schwanenblume	*Butomus umbellatus*	7–8 rosa	100	geeignet für den Gewässerrand	Hechtkraut *(Pontederia*-Arten), Pfeilkraut *(Sagittaria*-Arten)
Strauß-Felberich	*Lysimachia thyrsifolia*	6–8 gelb	30–40	Ausläufer bildend	Gauklerblume *(Mimulus*-Arten), Fieberklee *(Menyanthes trifoliata)*
Sumpf-Kalla	*Calla palustris*	5 –7 weiß	20	roter Beerenschmuck (giftig) im Herbst	Bachbunge *(Veronica beccabunga),* Fieberklee *(Menyanthes trifoliata),* Strauß-Felberich *(Lysimachia thyrsifolia)*
Sumpfdotterblume	*Caltha palustris*	3–5 gelb	30	gedeiht auch im Sumpf, weiß blühende Form ist *C. palustris* var. *alba*	Gauklerblume *(Mimulus*-Arten), Sumpf-Vergissmeinnicht *(Myosotis palustris),* Rosen-Primel *(Primula rosea)*
Zwergbinse	*Juncus ensifolius*	7–8 braun	20	für kleine Teiche geeignet	Sumpf-Blutauge *(Potentilla palustris),* Sumpf-Vergissmeinnicht *(Myosotis palustris)*

[1]) in Monaten

Gelbe Teichrose *(Nuphar lutea)*

Seekanne *(Nymphoides peltata)*

Schwimmendes Laichkraut *(Potamogeton natans)*

Tiefes Wasser

In natürlichen Gewässern reicht der äußere auf dem Wasserspiegel sichtbare Rand des Vegetationsgürtels bis zu einer Tiefe von zwei Metern hinab. In dieser Zone ab etwa 50 Zentimeter Wassertiefe wachsen ausschließlich Schwimmblattpflanzen. Meistens bilden diese ein kräftiges Rhizom am Teichboden aus, aus dem die Blätter austreiben, die ihre Blattspreiten aber erst öffnen, wenn sie den Wasserspiegel erreicht haben. Dort schwimmen die Blätter auf dem Wasser.

Die typischen Schwimmblattpflanzen sind Seerosen. In einer Tiefe bis zu zwei Meter wächst die Gelbe Teichrose *(Nuphar lutea)*. Neben dieser, auch »Teichmummel« oder »Große Teichrose« genannten Art gibt es noch die Kleine Teichrose *(Nuphar pumila)*. Sie ist, wie der Name sagt, kleiner als ihre große Schwester, hat kleinere, aber ebenfalls gelbe Blüten und ist nicht ganz so wüchsig. Sie eignet sich daher auch für Gartenteiche recht gut.

Schwimmblattpflanzen

Das Spektrum der Arten und Sorten für Gartenteiche erstreckt sich von 10 Zentimetern für die Zwerg-Seerose *(Nymphaea tetragona)* bis etwa 1,20 Meter für die Weiße Seerose *(Nymphaea alba)*. Die meisten Seerosen-Sorten gedeihen in einer Tiefe von 60 bis 100 Zentimeter.

In dieser Tiefenzone wachsen aber auch noch andere, ausschließlich Schwimmblattpflanzen. Hierzu gehören die bereits erwähnte Gelbe Teichrose *(Nuphar lutea)* und die Seekanne *(Nymphoides peltata)*. Die Teichrose kann sogar im Schatten gedeihen. Außerdem sind der Wasser-Knöterich *(Polygonum amphibium)*, das Schwimmende Laichkraut *(Potamogeton natans)* sowie die Afrikanische Wasserähre *(Aponogeton distachyos)*, deren cremefarbene Blüten nach Vanille duften, ebenfalls Schwimmblattpflanzen und in dieser Tiefenzone zu Hause.

Eine weitere recht bekannte Schwimmblattpflanze ist die Wassernuss *(Trapa natans)*, deren Trieb aus einer Nuss am Gewässerboden an die Oberfläche wächst und dort eine reizvolle, an ihren Blattstielen mit Schwimmblasen ausgestattete Rosette mit rautenförmigen Blättern bildet, die sich im Herbst, bevor die Pflanze einzieht, dunkelrot färben. Leider erwärmen sich die meisten Gewässer in unseren Breiten nicht so dauerhaft, dass sich im nächsten Frühjahr noch eine neue Nuss ausbilden kann. Diese Nuss ist übrigens essbar. Früher diente sie zu Heilzwecken. Eventuell sollte man diese Pflanze in einem Wasserbecken im Wintergarten halten.

Gewöhnliches Pfeilkraut *(Sagittaria sagittifolia)*

Ästiger Igelkolben *(Sparganium erectum)*

Breitblättriger Rohrkolben *(Typha latifolia)*

Seichtes Wasser

Die Aufteilung in Tiefenzonen dient vor allem dem neuen Gartenteichfreund als Orientierungshilfe bei der Auswahl der Pflanzen. So gilt die Seichtwasserzone zwischen 30 und 50 Zentimeter als Übergangszone zwischen Flachwasser und Tiefenzone. Je nach Wasserstand kann sie an der flachsten Stelle eher einen Flachwasserbereich bieten und den Seichtwasserbereich in Richtung Tiefenzone verlagern.

Dies ist vor allem nach einigen Jahren der Fall, wenn sich zwischen den Pflanzen der Flachwasser- und Seichtwasserzone allmählich Pflanzenabfälle und Schlick ablagern, das Flachwasser zum Sumpf wird und sich der Seichtwasserbereich in eine Flachwasserzone verwandelt. Allmählich schiebt sich die Seichtwasserzone immer weiter in die Mitte in Richtung Tiefenzone. Der Teich verlandet. Teichfreunde können dies im Laufe der Jahre am Wachstum ihrer Pflanzen beobachten, die sich mit der Zeit von dem Platz, an dem sie gepflanzt wurden, entfernen und vom flachen in den seichten Bereich wandern. Keine bedenkliche Entwicklung, die man auch durchaus für einige Zeit tolerieren kann.

Es wäre falsch und würde auch nicht viel nützen, das Wasser nach Verdunstung während einer sommerlichen Hitzeperiode immer wieder aufzufüllen. Dies würde nur das Algenwachstum fördern und die »Wanderung« der Pflanzen keineswegs unterbinden. Diese freie Entwicklung der Pflanzen gehört zum Wesen eines naturnahen Teiches. Nimmt die Verlandung überhand, muss man die Bepflanzung ausdünnen und einen Teil des Bodenschlicks aus dem Teich entfernen.

Wo die Pflanzen immer im Wasser stehen

Die Seichtwasserzone kann aber auch so definiert werden, dass die darin wachsenden Pflanzen auf jeden Fall im Wasser stehen, auch wenn der Wasserspiegel im Sommer sinkt. Von einigen Seerosen-Sorten abgesehen handelt es sich hierbei nicht um Schwimmblattpflanzen. Die Pflanzen dieser Zone wachsen wie die Stauden an Land aufrecht und entwickeln Stängel, an denen Blätter treiben. Ausgesprochene Seichtwasserpflanzen sind Tannenwedel *(Hippuris vulgaris)* und Pfeilkraut *(Sagittaria sagittifolia)*, aber auch Rohrkolben *(Typha*-Arten). Stark wuchernde Arten wie Rohrkolben oder See-Simse *(Schoenoplectus lacustris)* sollte man sparsam pflanzen. Den Kleinen Rohrkolben *(T. minima)* ausgenommen, verzichtet man in kleinen Teichen am besten ganz auf sie.

Froschlöffel *(Alisma plantago-aquatica)*

Schwanenblume *(Butomus umbellatus)*

Sumpfdotterblume *(Caltha palustris)*

Flaches Wasser

Bedenken Sie vor der Anlage Ihres Teiches: In der Flachwasserzone sowie in der benachbarten Sumpfzone gedeihen die meisten Arten von Wasser- und Sumpfgewächsen. Diese Vielfalt sollte Sie jedoch nicht dazu verleiten, diesen Bereich mit Pflanzen zuzupflastern. Im Gegenteil: Gerade in dieser Zone ist Zurückhaltung angesagt, denn hier breiten sich die Wasserpflanzen besonders üppig aus.

Was auf der vorangegangenen Seite unter dem Titel »Seichtes Wasser« gesagt wurde, gilt für die Flachwasserzone noch viel mehr. Denn bei einer Wassertiefe zwischen 0 und 30 Zentimetern sinkt der Wasserspiegel in sommerlichen Hitzeperioden so weit ab, dass der größte Teil wenn auch nicht gänzlich trockenfällt, so doch außerhalb des Wasserspiegels liegt. Dort, wo das Wasser normalerweise 30 Zentimeter hoch steht, sind dann nur noch 10 Zentimeter Wassertiefe vorhanden.

Vorsicht: Verlandung

In dieser wechselnd überfluteten und trockenen Zone schreitet die Verlandung am stärksten und schnellsten voran, zumal sich dort durch Samenflug auch Gräser und Wildkräuter ansiedeln. Außerdem verdunstet gerade durch diese freigelegte Zone Wasser, wobei die fehlende Feuchtigkeit durch Wasser aus dem Teich wieder ersetzt wird. Die Dochtwirkung, die wir nach außen durch eine Kapillarsperre unterbinden, tritt also zeitweise auch innerhalb des Teiches auf. Dass es dennoch nicht ratsam ist, den Teich mit Leitungswasser aufzufüllen, wurde bereits gesagt.

Durch das zunehmende Wurzelwerk und die auf den Teichboden abgesetzten Pflanzenabfälle beginnt diese Zone wie bereits erwähnt also nach einigen Jahren allmählich zu verlanden.

Reinigung durch Sumpfpflanzen

Dieser starke Wuchs ist bis zu einem gewissen Grad erwünscht, denn die Pflanzen der breiter werdenden Sumpfzone tragen in ihrer Gesamtheit erheblich zur Reinhaltung des Wassers bei. Sie nehmen Nährstoffe auf, die von verrottenden Pflanzen frei werden, und schaffen in ihrem Wurzelbereich ein Milieu, in dem aerobe (sauerstoffliebende) und anaerobe (sauerstoffmeidende) Bakterien aufeinander abgestimmt Nährstoffe für die Pflanzen aufschließen und eventuell schädliche Verbindungen im Wasser auflösen.

Einige dieser Arten werden gezielt in Pflanzenkläranlagen zum Reinigen von Hausabwässern eingesetzt. Man nennt diese Pflanzen, zu denen unter anderem Binsen, Rohrkolben und die Wasser-Schwertlilie gehören, auch Repositionspflanzen (siehe Seite 149).

Die Auswahl der richtigen Pflanzen

Beim Bepflanzen der Flachwasserzone ist eine sorgfältige Auswahl angesagt, vor allem in kleinen Teichen, denn sonst wird Ihr Gartengewässer in wenigen Jahren von einigen Arten überwuchert. Wählen Sie bei kleinen Teichen den Kleinen Rohrkolben *(Typha minima)*. Und meiden Sie außer den großen Rohrkolben-Arten auch das Schilfrohr *(Phragmites australis)* – welche Wuchskraft und welchen Ausdehnungsdrang diese Wasserpflanze hat, können Sie an jedem natürlichen See beobachten. Den Gartenteich würde sie binnen zwei bis drei Jahren gänzlich überwuchert und die meisten anderen Pflanzen darin verdrängt haben. Stark wuchernd ist auch der Kalmus *(Acorus calamus)*, den man nur in größeren Teichen ab 15 Quadratmetern pflanzen sollte.

Andere Pflanzen werden in kleinen Gruppen oder auch einzeln in der Flachwasserzone des Teichs verteilt. Sie in Körbe zu pflanzen wäre in diesem Bereich ungünstig, wenngleich die Pflanzen dadurch in ihrem Ausdehnungsdrang etwas eingeschränkt würden. Doch die Oberkante der Körbe wäre dicht unter dem Wasserspiegel sichtbar, sodass der natürliche Charakter dieser Zone verloren ginge.

Diese Pflanzen einfach im Container zu lassen, um ihr Wachstum zu unterbinden, würde an »Pflanzenquälerei« grenzen, ganz abgesehen davon, dass es unnatürlich aussehen würde, wenn die Pflanzen über Jahre hinweg so dekoriert blieben, wie man sie einmal hingestellt hat. Deshalb: Topfen Sie die Pflanzen aus ihrem Container aus, stellen Sie sie wie auf Seite 80 beschrieben auf die Folie, umgeben Sie das Wurzelwerk mit etwas lehmiger Erde und beschweren Sie das Ganze mit ein paar Kieselsteinen.

Schnelles Wachstum

In der dünnen Sand- und Kiesschicht, mit der Sie die Folie bedecken, breiten sich diese Pflanzen erstaunlich schnell aus, vor allem solche, die mit ihren Wurzeln Ausläufer treiben, zum Beispiel die Wasser-Schwertlilie oder die Zwerg-Binse.

Andere, wie Sumpfdotterblume und Sumpf-Vergissmeinnicht, sollten in Gruppen gepflanzt werden, denn sie haben diese Eigenschaft nicht, säen sich aber mitunter selber aus. Beide gedeihen ebenso in der Sumpfzone oder am feuchten Ufer. Beobachten Sie einfach, welche Pflanzen gefördert werden müssen.

Tannenwedel *(Hippuris vulgaris)*

Fieberklee *(Menyanthes trifoliata)*

Hechtkraut *(Pontederia cordata)*

Stauden für die Sumpfzone

Deutscher Name	Botanischer Name	Höhe in cm	Blütezeit[1]) und -farbe	Benachbarung	Bemerkungen
Bachbunge	*Veronica beccabunga*	20–30	5–9 blau	Kalmus *(Acorus calamus),* Kleiner Rohrkolben *(Typha minima),* Sumpfdotterblume *(Caltha palustris)*	für fließendes Wasser, z. B. Bachläufe, Überläufe von Brunnen u. Ä.
Bittersüßer Nachtschatten	*Solanum dulcamara*	80–100	6–9 violett, ab 9 rote, giftige Beeren	Kalmus *(Acorus calamus),* Rohrkolben *(Typha*-Arten), Schwanenblume *(Butomus umbellatus)*	bis zu 3 m lange Triebe, klettert auch bei entsprechender Hilfe
Blutauge	*Potentilla palustris*	40–50	6–7 dunkelrot	Gagelstrauch *(Myrica gale)* u. a. Pflanzen der Moorvegetation	gedeiht vorzugsweise auf saurem Boden
Blutweiderich	*Lythrum salicaria*	100	6–9 violett	Gauklerblume *(Mimulus luteus),* Iris-Arten *(Iris laevigata, I. versicolor),* Wasser-Minze *(Mentha aquatica)*	gedeiht auch im flachen Wasser
Gauklerblume	*Mimulus cupreus* *Mimulus luteus*	10–15 20	6–9 rot 6–8 gelb	Bodendecker am Teichrand, passt zu allem	Selbstaussaat, Dauerblüher
Lungen-Enzian	*Gentiana pneumonanthe*	40–50	7–9 blau	Sumpf-Siegwurz *(Gladiolus palustris),* Wollgras *(Eriophorum*-Arten)	für sauren Boden
Pillenfarn	*Pilularia globulifera*	15	keine	Kleefarn *(Marsilea quadrifolia),* Wasserlebermoos *(Riccia fluitans)*	kriechend, fadenförmige Blätter
Sumpfdotterblume	*Caltha palustris*	20–30	3–5 gelb	Gauklerblume *(Mimulus*-Arten), Rosen-Primel *(Primula rosea),* Sumpf-Vergissmeinnicht *(Myosotis palustris)*	wichtiger Frühjahrsblüher, var. *alba:* weiße Blüte, 'Monstrosa' großblumig gefüllt, 'Multiplex' kugelförmige Blüten, *C. polypeltata* bis zu 60 cm hoch
Sumpf-Iris	*Iris laevigata*	60–80	6–7 blau, weiß, rosa	Pfennigkraut *(Lysimachia nummularia),* Sumpfdotterblume *(Caltha palustris),* Sumpf-Vergissmeinnicht *(Myosotis palustris)*	verschiedene Sorten
Sumpf-Kalla	*Calla palustris*	20	6–7 weiß	Bachbunge *(Veronica beccabunga),* Fieberklee *(Menyanthes trifoliata),* Strauß-Felberich *(Lysimachia thyrsifolia)*	empfehlenswert für erste Bepflanzung, giftige Beeren
Sumpf-Vergissmeinnicht	*Myosotis palustris*	20–25	5–9 hellblau	Rosen-Primel *(Primula rosea),* Sumpfdotterblume *(Caltha palustris)*	robuster Dauerblüher
Sumpf-Wolfsmilch	*Euphorbia palustris*	80–100	5–6 gelbgrün	Blutweiderich *(Lythrum salicaria),* Mädesüß *(Filipendula purpurea),* Sumpfdotterblume *(Caltha palustris),* Sumpf-Vergissmeinnicht *(Myosotis palustris)*	gelbgrün
Wiesen- oder Schlangenknöterich	*Bistorta officinalis*	50–60	5–7 rosa	Mädesüß *(Filipendula ulmaria)*	stark wachsend

[1]) in Monaten

Sumpfzone

In der Sumpfzone gedeihen Pflanzen, die eine gelegentliche Überflutung vertragen und ständige Bodenfeuchtigkeit benötigen. Diese Zone breitet sich allmählich zum Teichinnern hin aus und trägt durch ihre starke Wasserverdunstung auch zum Absinken des Wasserspiegels bei.

Die Sumpfzone wird in der Regel an den Teich angegliedert, indem man die Folie möglichst weit hinauszieht. In diesen Bereich darf man ebenfalls keine nährstoffreiche Erde einbringen. Stattdessen wird auch hier lehmige Erde aus dem Untergrund flächendeckend, etwa zehn Zentimeter dick auf der Folie ausgebreitet.

Die Flachwasserzone und die Sumpfzone lassen sich so aufeinander abstimmen, dass sie nahtlos ineinander übergehen. Für die Ansiedelung in dieser Übergangszone bieten sich Pflanzen an, die sowohl im flachen Wasser als auch im Sumpf außerhalb des Wassers gedeihen: Sumpfdotterblume und Sumpf-Vergissmeinnicht oder Wasser-Schwertlilie sowie Sorten von *Iris kaempferi*, *Iris laevigata* oder *Iris versicolor,* aber auch die Sumpf-Kalla *(Calla palustris)*. Etwas weiter zum Rand hin ist die Auswahl noch größer: Blutweiderich *(Lythrum salicaria)*, Sumpf-Blutauge *(Potentilla palustris)*, Mädesüß *(Filipendula ulmaria)*, Bittersüßer Nachtschatten *(Solanum dulcamara)*, Winter-Schachtelhalm *(Equisetum hyemale)*, Gauklerblume *(Mimulus*-Arten) und viele andere mehr können hier wachsen.

Sumpf-Kalla *(Calla palustris)*

Blutweiderich *(Lythrum salicaria)*

Setzen Sie in der Sumpfzone, wenn auch sparsam, wie bei einem Staudenbeet in Gruppen angeordnet hoch und niedrig wachsende sowie bodendeckende Pflanzen ein. Besonders eindrucksvolle Stauden wie der Wasserdost *(Eupatorium palustris)* verdienen Einzelstellung.

Während die meisten Wasserpflanzen zwischen Juni und August blühen, können Sie die Flora der Sumpfzone durch sehr früh und sehr spät blühende Pflanzen ergänzen. Manche Pflanzen dieser Zone zeigen schöne Herbstfärbung.

Wasser-Schwertlilie *(Iris pseudacorus)*

Sumpf-Vergissmeinnicht *(Myosotis palustris)*

Stauden für das Teichufer

Deutscher Name	Botanischer Name	Blütezeit [1]) und -farbe	Höhe in cm	Standort	Benachbarungen
Frühling					
Himmelsleiter	*Polemonium caerulum*	5–6 blau	bis 60	frisch-feucht	Trollblume *(Trollius europaeus)*
Märzenbecher	*Leucojum vernum*	2–3 weiß	20	feucht	Schachbrettblume *(Fritillaria meleagris)*
Rosen-Primel	*Primula rosea*	3–4 rosarot	15	feucht	Sumpfdotterblume *(Caltha)*, Trollblume
Schachbrettblume	*Fritillaria meleagris*	4–5 weinrot und weißlich	30	feucht	Winterling *(Eranthis hyemalis)*, Hundszahn *(Erythronium dens canis)*, Märzenbecher
Trollblume	*Trollius europaeus*	5–6 hellgelb	50	frisch-feucht	Sumpf-Vergissmeinnicht *(Myosotis)*
Wiesenschaumkraut	*Cardamine pratensis*	4–6 lila	30	frisch-feucht	Schlüsselblume *(Primula veris)*
Sommer					
Baldrian	*Valeriana officinalis*	6–8 weiß	bis 150	feucht-frisch	Wiesen-Schaumkraut *(Cardamine)*, Mädesüß *(Filipendula)*, Wiesen-Knöterich
Beinwell	*Symphytum officinale*	5–7 violett	bis 100	feucht-frisch	Nelkenwurz *(Geum rivale)*, Mädesüß *(Filipendula)*, Baldrian *(Valeriana)*
Ligularie	*Ligularia*-Arten	7–9 gelb	60–180	feucht	Mädesüß (*Filipendula)* Taglilie *(Hemerocallis*, Sibirische Iris *(Iris sibirica)*
Mädesüß	*Filipendula ulmaria*	6–7 weiß	bis 100	feucht	Wiesen-Schaumkraut *(Cardamine)*, Mädesüß *(Filipendula)*, Blut-Weiderich *(Lythrum)*
Schaublatt	*Rodgersia*-Arten	6–7 gelblichweiß	bis 120	kühlfeucht	Astilbe (Astilbe), Ligularie (*Ligularia)*
Sibirische Iris	*Iris sibirica*	5–6 blau	bis 80	frisch-feucht	Felberich *(Lysimachia punctata)*, Wiesenknöterich *(Persicaria)*, Trollblume *(Trollius)*
Storchschnabel	*Geranium pratense*	5–9 blauviolett	30–80	frisch	Wiesenraute (*Thalictrum aquilegifolium)*
Wasserdost	*Eupatorium purpureum*	7–9 weiß, rosa, weinrot	bis 200	feucht	Mädesüß *(Filipendula)*, Chinaschilf *(Miscanthus sinensis)*
Wiesen-Knöterich	*Bistorta officinalis*	5–7 rötlichweiß	bis 100	frisch-feucht	Sumpfdotterblume, Sumpf-Vergissmeinnicht *(Myosotis palustris)*, Trollblume
Wiesenraute	*Thalictrum aquilegifolium*	5–7 gelblichweiß	bis 140	frisch-feucht	Storchschnabel *(Geranium pratense)*
Taglilie	*Hemerocallis*-Arten	6–8 gelb, orange, rot, braun	40–100	frisch	Sibirische Iris, Blut-Weiderich (*Lythrum)*, Wiesen-Knöterich, Wiesenraute
Herbst					
Herbstzeitlose	*Colchicum autumnale*	8–10 lila	10	frisch-feucht	Sumpf-Gladiole *(Gladiolus palustris)*
Kleinblütige Wildaster	*Aster ericoides*	9–10 weiß, blau, rosa	90–120	frisch	Sonnenbraut *(Helenium*-Sorten)
Pfeifengras	*Molinia caerulaea*	8–9 bräunlich	bis 100	frisch	Schachbrettblume, Sumpf-Gladiole *(Gladiolus palustris*, Sibirische Iris *(Iris sibirica)*
Wiesennelke	*Dianthus superbus*	7–10 rosa	bis 60	frisch-feucht	Sumpfried *(Eleocharis palustris)*, Lungen-Enzian *(Gentiana pneumonanthe)*

[1]) in Monaten

STAUDEN FÜR DAS FEUCHTE UFER

Wasserdost *(Eupatorium cannabinum)*

Mädesüß *(Filipendula ulmaria)*

Uferzone

Dank Kapillarsperre wird in der Regel nur ein schmaler Randstreifen feuchter als der übrige Gartenboden, wenn das Teichwasser nach einem Wolkenbruch oder bei der Schneeschmelze über die Ufer tritt.

Die Stauden in diesem Bereich wählen wir zum Teil nach der Charakteristik einer Uferpflanze aus, gepflanzt werden sie jedoch in normalen Gartenboden. Gott sei Dank sind auch von diesen für eigentlich feuchten Boden gedachten Pflanzen viele sehr anpassungsfähig. So können das Mädesüß, der Wiesen-Knöterich und der Wasserdost sowohl in der Sumpfzone als auch außerhalb des Teiches gedeihen. Ebenso leiten Taglilien, der unverwüstliche Frauenmantel und viele andere (siehe Tabelle links) dann vom Teichufer in den Garten über.

Gauklerblume *(Mimulus lutea)*

Wiesen-Knöterich *(Persicaria bistorta)*

TIERLEBEN

TIERLEBEN IM GARTENTEICH

Bereits kurz nach der Anlage eines Gartenteiches entwickelt sich darin eine Nahrungskette, die mit den winzigen Algen beginnt und bei Amphibien und Vögeln endet.

Endlich ist der Teich voll Wasser gelaufen. Jeden Tag gehen wir an seinem Ufer in die Hocke und blicken erwartungsvoll ins klare Nass – und werden nicht enttäuscht: Schon nach wenigen Tagen zieht ein ganzer Schwarm winziger Lebewesen gleich einer Wolke durch das Teichwasser: Wasserflöhe, genauer Flohkrebse, wissenschaftlich als Daphnien bezeichnet, die sich von den pflanzlichen Kleinlebewesen des Wassers ernähren.

Bald flitzen auch die ersten Wasserläufer über den Wasserspiegel, drinnen bewegen sich zuckend Ruderwanzen und Rückenschwimmer, und kleine graue Monster krabbeln über den Teichgrund – Libellenlarven. Auch Schnecken haben sich bald eingefunden.

Doch die ersten Freuden am Leben im neuen Teich werden oft schon einige Tage oder Wochen später im wahrsten Sinne des Wortes getrübt: Das Wasser ist nicht mehr so klar, Algen haben sich darin ausgebreitet. Viele Teichbesitzer geraten bei diesem Anblick in Panik. Haben sie doch alle schon mal vom »Umkippen« des Teichs gehört. Doch zur Panik besteht kein Anlass. Im Gegenteil: Auch Algen sind Wasserpflanzen, genau genommen Schwimmpflanzen, die überschüssige Nährstoffe aus dem Wasser aufnehmen. Wer die Algenwatten regelmäßig herausfischt, verringert den Nährstoffgehalt des Wassers und entzieht somit auch den nachwachsenden Algen die Nahrung. Gleiches tun die auf Seite 84/85 beschriebenen Schwimm- und Unterwasserpflanzen.

Nahrungskette

Mücken finden in einem algenreichen Teich ein hervorragendes Medium für ihre Eiablage. Dort können sich die Larven op-

Der Gartenteich ist voller Lebewesen. Was Kinder hier entdecken, lieben und kennen lernen, werden sie auch als Erwachsene zu schätzen und schützen wissen.

timal entwickeln. Doch zur Mückenplage kommt es am Teich nicht. Dafür sorgen schon die Libellenlarven sowie manche Käfer, die im Wasser auf Jagd gehen und sich unter anderem von Mückenlarven ernähren. Auch die Algen werden weniger, sodass auf Dauer auch die Mückenlarven keine Nahrung mehr finden.

Diese Entwicklung sollte man nicht stören. Behutsame Eingriffe beschränken sich nur aufs Abfischen von Algenwatten mit einem Stab oder Rechen. Bedenken Sie dabei, dass in einem jungen Teich Nährstoffüberschüsse im Wasser vor allem durch Algen abgebaut werden, unterstützt durch die zahlreichen Mikroorganismen, Wasserinsekten sowie Wasserschnecken, die zumeist mit den Wasserpflanzen eingebracht werden. Das braucht ein wenig Zeit, oft nur ein paar Wochen, manchmal aber auch ein ganzes Jahr und mehr.

Vor allem dürfen keine zusätzlichen Nährstoffe in den Teich gebracht werden. Dies kann ungewollt durch ein ungünstig modelliertes Teichufer, von dem bei Regen nährstoffreiche Erde in den Teich gespült wird, durch kalkhaltiges Gestein im Wasser, aus dem sich Kalk löst, durch die Zufuhr von hartem oder nährstoffhaltigem Wasser sowie durch Fische geschehen.

Wer glaubt, Fische gegen Mückenlarven einsetzen zu müssen, erreicht das Gegenteil: Die Fische reichern durch ihre Ausscheidungen den Teich mit immer neuen Nährstoffen an und fördern das Algenwachstum. Außerdem vertilgen sie auch manche anderen Lebewesen in dieser Nahrungskette. Fische sollten, wenn überhaupt, nur unter den auf Seite 144 ff. beschriebenen Voraussetzungen und frühestens nach einem halben, besser erst nach einem ganzen Jahr eingesetzt werden.

Insektenleben im Wasser

Bereits wenige Tage nach der Anlage des neuen Teichs stellen wir fest, dass es im Wasser nur so von Lebewesen wimmelt. Da haben dicht unter dem Wasserspiegel Mückenlarven ihren Platz eingenommen. Kopfunter hängen sie und atmen mit ihrem Hinterteil. Einmal mit dem Finger ins Wasser tippen, und sie fliehen, sich krümmend, mit zuckenden Schwänzen in tiefere Bereiche. Wenn wir betrachten, was sich außer ihnen noch im Wasser tummelt, brauchen wir uns vor einer eventuellen Mückenplage nicht zu fürchten. Da gibt es vor allem Libellenlarven, die ständig lauern und auf Jagd gehen. Aber auch Ruderwanzen und Rückenschwimmer, die ebenfalls zu den Wanzen zählen, verschmähen diese Beute nicht.

Das Plattköpfchen *Simnocephalus vetulus* ist einer von vielen Wasserflöhen.

Die Ersten im, genauer gesagt auf dem Teich sind meist die Wasserläufer. Mit erstaunlicher Geschwindigkeit flitzen sie über den Teich, ohne unterzugehen. Das Geheimnis liegt in den vielen Härchen, mit denen die Unterseite des Körpers dieser etwa zwei Zentimeter langen Insekten besetzt ist, die durch ein körpereigenes Sekret eingefettet und somit völlig wasserabstoßend sind. Mit dem mittleren Paar seiner sechs Beine rudert der Wasserläufer, während er mit den hinteren steuert und mit den beiden vorderen kleine ins Wasser gefallene Insekten fängt.

Was wir landläufig als Wasserflöhe bezeichnen, ist meist eine Vielzahl unterschiedlicher kleiner Insekten, von Flohkrebsen über Ruderfüßer bis zu Muschelkrebsen und Wasserasseln. Ihre so genannten Dauereier werden durch Vögel oder andere Tiere von einem anderen Gewässer in den Teich getragen. Diese Lebewesen ernähren sich von einzelligen Algen und abgestorbener organischer Substanz auf dem Teichboden. Auch die Larven der Eintagsfliegen sind im Wasser zu Hause. Die geschlüpfte Fliege lebt nur wenige Stunden oder Tage – wie ihr deutscher Name schon sagt.

Abenteuer unter Wasser

Bemerkenswert ist das Leben der Köcherfliege: Die aus dem Ei geschlüpften Larven bauen aus Pflanzenresten, Sand, manchmal auch kleinen Steinen ein köcherähnliches Gehäuse, das sie ständig mit sich herumtragen. Damit schützen sie ihren weichen Hinterleib, können sich aber auch gänzlich darin verbergen. Zur Verpuppung

Schön ist er, aber auch räuberisch: der Gelbrandkäfer (links) und seine Larve (rechts).

verankern sie ihre Behausung am Teichboden und verschließen sie bis auf eine kleine Öffnung. Nach etwa zwei Wochen klettert die bewegliche Puppe an die Oberfläche, und die Fliege schlüpft aus.

Ein sehr schöner, allerdings auch sehr räuberischer Teichbewohner ist der Gelbrandkäfer. Er ähnelt in seiner Größe und Statur dem Maikäfer. Sein brauner Rücken ist mit einem auffallenden gelben Rand umrahmt. Sowohl der Käfer als auch seine Larve machen Jagd auf nahezu alles, was sich im Teich bewegt. Leider auch auf Kaulquappen. Es empfiehlt sich also bei aller Liebe zur Natur, die Käfer und ihre Larven herauszufangen, um den anderen Tieren des Teichs eine Chance zu geben.

Wie all diese Tiere in den Teich kommen? Nun, ihr Laich hängt vielleicht an einigen der Wasserpflanzen, die wir gekauft oder von anderen Teichfreunden bekommen haben. Zum Teil werden sie auch von Vögeln übertragen, die am Teichrand ein Bad nehmen. Diese kleine Welt der Teichfauna verändert sich ständig, im Laufe eines Jahres ebenso wie von Jahr zu Jahr.

In hoher Geschwindigkeit kann der Wasserläufer über den Wasserspiegel flitzen. Dort findet er reichlich Nahrung in Form von Insekten, die ins Wasser gefallen sind.

Mit zuckenden Bewegungen schwimmen die Ruderwanzen sehr schnell im Teich. Sie können aber auch das Wasser verlassen und hervorragend fliegen.

Schillernde Libellen

Sowohl zu Wasser als auch durch die Luft haben sie den Teich schnell besiedelt. Die Larven reisen als blinde Passagiere mit den Wasserpflanzen in den Teich, während ausgewachsene Libellen von den Nachbargewässern kommen, um eine mögliche neue Brutstätte zu erkunden. Rasch nehmen die Libellenmännchen ihr auserkorenes Revier in Beschlag, bewachen es, indem sie mit ruckartigen Bewegungen seine Grenzen abfliegen, und vertreiben mögliche Rivalen. Sie verlassen ihr Territorium erst, nachdem sie ein Weibchen gefunden haben und der Nachwuchs gesichert ist.

Libellenmännchen haben an ihrem Hinterleib zangenartige Organe ausgebildet, die genau in entsprechende Organe am Kopf des artgleichen Weibchens passen. So ist es ausgeschlossen, dass sich artfremde Libellen paaren.

Aneinander gekoppelt können Männchen und Weibchen fliegen, bis sie sich während des Flugs oder festgeklammert an einem Halm paaren. Dabei krümmt das Männchen seinen Hinterleib und Libellenmännchen und -weibchen bilden das typische Paarungsrad. Auch zur Eiablage begleitet das Männchen sein Weibchen, ohne sich zu lösen.

Manche Libellenarten legen die Eier unter einem Seerosenblatt ab, wobei das Weibchen manchmal ganz untertaucht. Die kleinen Larven schlüpfen nach wenigen Tagen. Je nach Art leben die Larven zwischen einem und fünf Jahren im Teich, wo sie sich mehrmals häuten.

Genau genommen führen Libellen wie Frosch und Kröte ein amphibisches Leben im Wasser und in der Luft. Allerdings mit dem Unterschied, dass die meisten Lurche den größten Teil ihrer Lebenszeit an Land verbringen, während die Libelle überwiegend als Larve im Wasser lebt. Der Höhepunkt ihres Daseins dürfte sein, wenn sie den Teich zu ihrer letzten Häutung verlässt.

Der spannende Akt der Häutung

Meistens in den frühen Morgenstunden eines Junitages kommen, oft wie auf Kommando drei, fünf oder mehr Larven an die Oberfläche, krabbeln an einem Halm der Schwanenblume oder einem Kalmusblatt empor, klammern sich unverrückbar mit ihren sechs Beinen daran fest – und es beginnt der spannende Akt der Häutung, den wir aus nächster Nähe beobachten können, ohne die Tiere zu vertrei-

Der Plattbauch ist eine der am häufigsten vorkommenden Libellen an unseren Gartenteichen. Der Hinterleib des Männchens ist blau, der des Weibchens gelb gefärbt.

ben. Sie sind nämlich in dieser Lage, die bis zu drei Stunden dauern kann, völlig hilflos, was sie allerdings auch leicht zur Beute von Fröschen und manchen Vögeln macht.

Allmählich platzt der Rücken der Larve auf, und langsam schält sich der frische Körper der Libelle heraus. Die Imago klammert sich noch eine Weile an ihrer Hülle fest, entfaltet dann langsam ihre zart geäderten Flügel und beginnt, sie sachte fächernd im lauen Sommerwind zu trocknen. Und dann passiert es in Sekundenschnelle: Die frisch geschlüpfte Libelle fliegt auf und davon.

Oft finden sich mehrere Arten von Libellen an einem Teich ein. Selbst an kleinen Gartenteichen können wir während eines Sommers bis zu sieben verschiedene Arten zählen.

Liebesleben der Libellen: Blaugrüne Mosaikjungfern bilden ein Paarungsrad.

Azurjungfern: Aneinander gekoppelt fliegen Libellen zur Eiablage.

Der Nachwuchs: Libellenlarven leben bis zu fünf Jahre auf dem Teichgrund.

Die Königslibelle hat ihre Hülle verlassen und fliegt im nächsten Augenblick davon.

Libellen leben einen Sommer lang

Am auserkorenen Laichgewässer schließt sich der Kreislauf: Die geschlüpften Libellen paaren sich und legen ihre Eier ab, aus denen wieder neue Larven schlüpfen, die sich räuberisch von anderen Wasserinsekten, aber auch von Kaulquappen und kleinen Fischen ernähren. Das Leben der ausgewachsenen Libelle aber endet mit dem Einbruch des Winters.

Libellen sind sicher die schönsten und eindrucksvollsten Wasserinsekten. Dass sie stechen oder beißen, ist übrigens ein Gerücht, zumal sie dem Menschen in ihrem geschickten Flug meistens ausweichen.

Insektenforscher teilen Libellen in Großlibellen und Kleinlibellen ein. Die Blaugrüne Mosaikjungfer ist eine der am häufigsten vorkommenden Großlibellen. Ebenso der Plattbauch, dessen Männchen bläulich, das Weibchen gelb gefärbt ist. Auch die rote Heidelibelle zählt zu den Großlibellen. Zu den Kleinlibellen gehören die bekannte Hufeisen-Azurjungfer mit ihrem stiftartigen azurblauen Körper sowie die Gemeine Binsenjungfer und die Frühe Adonislibelle.

Manche Libellenarten legen ihre Eier auch in Verstecken an Land ab, zum Beispiel ins Moos oder in einen morschen Baumstumpf. Die Larven besitzen dann die Fähigkeit, selbstständig das Wasser zu erreichen. Eine naturnahe Umgebung des Gartenteiches fördert immer auch das Leben und die Fortpflanzung der Libellen.

Kriechtiere auf dem Teichboden

Im sonnendurchfluteten Wasser sehen wir sie zuweilen aus dem Bodenschlamm hervorlugen und sich bewegen: kleine rote Würmer, unseren Kompostwürmern ähnlich, jedoch viel kleiner. Es handelt sich um Schlammröhrenwürmer, die sich wie die Kompostwürmer von der organischen Masse ernähren, die auf den Boden fällt. Ihren nährstoffreichen Kot arbeiten sie in den Teichboden ein, wo er den Wasserpflanzen zugute kommt.

Wasserschnecken

Die einen freuen sich, wenn sie die erste Schnecke über den Teichboden kriechen sehen, die anderen warnen davor, weil die Wasserschnecken angeblich auch vor den Wasserpflanzen nicht Halt machen. Dies trifft jedoch allenfalls auf die nach dem spitzen Gehäuse benannte **Spitzschlammschnecke** zu. Doch auch diese Schnecke ernährt sich in erster Linie von Algen und von Pflanzenabfällen und ist somit ein wichtiges Mitglied in der Lebensgemeinschaft eines Gartenteichs. In einem jungen Teich mit vielen Algen vermehrt sie sich aufgrund des großen Nahrungsangebots sehr schnell. Eine gute Eigenschaft: Sie raspelt auch Algenteppiche ab, die sich zuweilen auf den Wasserpflanzen bilden. In der Regel lässt ihre Vermehrung mit dem Nahrungsangebot nach. Wenn sie sich ausnahmsweise an Wasserpflanzen vergreift, dann nur, wenn deren Blätter und Blattstiele bereits welk werden oder zumindest in irgendeiner Weise geschwächt sind.

Seltener ist die **Posthornschnecke**, und selbst wenn sie im Teich lebt, bekommt man sie nicht so oft zu sehen, weil sie die tieferen Regionen des Teiches bevorzugt. Ihren deutschen Namen verdankt sie ihrem dem Posthorn ähnlichen runden Schneckenhaus. Ebenso wie die Spitzschlammschnecke ist sie vor allem auf Algen spezialisiert. Freuen Sie sich also, wenn Sie Posthornschnecken im Ihrem Teich entdecken.

Neben diesen beiden Schneckenarten gibt es noch Tellerschnecken, Schnirkelschnecken und manch andere Arten im Gartenteich, die aber den genannten im Aussehen und der Lebensweise sehr ähnlich sind. Wasserschnecken werden übrigens genau wie die meisten anderen Kleinlebewesen des Teichs mit den Wasserpflanzen oder durch Vögel eingetragen.

Muscheln als Filter

Selten siedeln sich Muscheln von selber im Gartenteich an. In Frage kommen vor allem die heimische

Spitzschlammschnecken vermehren sich in jungen Teichen oft schnell. Ihr Vorteil: Sie vertilgen in hohem Maße Algen.

Teichmuschel, die **Flussmuschel** und die **Malermuschel.** Muscheln haben die gute Eigenschaft, bis zu 300 Liter Wasser am Tag zu filtern. Sie sind gegenüber vielen Verunreinigungen des Wassers resistent und lösen schädliche Verbindungen auf, ausgenommen allerdings unsere heute häufig auftretenden Umweltgifte und Schwermetalle. Muscheln können also gezielt als lebende Wasserfilter in den Teich eingesetzt werden, der dann allerdings mindestens einen Meter tief sein sollte, denn im durchgefrorenen Teich überleben die Muscheln unsere kalten Winter nicht.

Fünf Muscheln reichen aus, um 1000 Liter Wasser zu filtern. Ideal ist es, wenn dann noch die Posthornschnecke im Teich lebt, denn sie raspelt Algen und kleine Lebewesen ab, die sich auf der Muschelschale festsetzen. Muscheln brauchen einen sandigen Teichboden, auf dem sie sich langsam mit ihrem muskulösen Fuß kriechend fortbewegen, in den sie sich aber auch zuweilen eingraben.

Zwei seltene, aber sehr nützliche Tiere auf dem Teichboden: die Posthornschnecke raspelt Algen von Steinen und Pflanzen ab (oben). Die Teichmuschel filtert große Wassermengen und dient dem Bitterling als Laichablage (unten).

Fisch-Symbiose

Eine Schicht Flussand von etwa zehn Zentimeter Dicke ist für die Muscheln empfehlenswert. Werden sie in ältere Teiche eingesetzt, reicht die Schlammschicht am Boden sicher als Grundlage aus. Eine **Teichmuschel** kann bis zu 40 Jahre alt werden. Zu ihrer Vermehrung brauchen die Muscheln allerdings Fische. Bevorzugt eignet sich hierzu der **Bitterling**, der kleinste Karpfenfisch (siehe auch Seite 116). Er legt seine Eier in den Schalen der Muscheln ab, nimmt dafür aber auch die Eier der Muscheln auf, die sich in seinen Kiemen weiterentwickeln. Ein mit Fischen, also auch Bitterlingen besetzter Teich sollte jedoch mindestens 1,20 Meter groß sein. Muscheln und Fische bekommt man in Zuchtbetrieben.

Amphibien

Kleiner Teichfrosch in einer Seerosenblüte

Für die einen ist es Lärm, für die anderen eine wunderbare Musik – quakende Frösche haben die Gerichte schon mehr als einmal beschäftigt.

Wer einen naturnahen Gartenteich anlegt, muss damit rechnen, dass in absehbarer Zeit Frösche zuwandern, deren Männchen mit einem lauten Gesang die Weibchen anlocken. Doch nicht alle Amphibien geben laute Konzerte von sich. Krötenmännchen beispielsweise lassen nur ein leises Knurren verlauten, und Molche oder Salamander hört man überhaupt nicht. Nur kann man sich die Tiere nicht aussuchen. Sie kommen aus der Umgebung zugewandert und bleiben, wenn ihnen das neue Angebot gefällt.

Die Folgen der Konzerte oder der eher lautlosen Zuwanderung sind meist schon am nächsten Morgen zu erkennen: Frösche hinterlassen dicke Laichklumpen im flachen Wasser, Kröten legen ihre Eier in langen Laichschnüren ab, die sie kunstvoll um Stiele und Blätter der Wasserpflanzen schlingen.

Frosch und Kröte, Unke und Molch sowie Salamander müssen von selber zuwandern. Sie lassen sich nicht ohne weiteres von Menschenhand im Teich ansiedeln. Versuchen Sie also nicht, Tiere in der Natur einzufangen und in Ihrem Gartenteich auszusetzen. Denn selbst wenn Sie ein Ersatz-Biotop gestaltet haben, von dem Sie glauben, dass es den Amphibien zusagt, lässt es sich nie genau voraussagen, ob die Tiere diesen Lebensraum annehmen.

Sind sie dagegen von selber zugewandert und haben im Teich gelaicht, dann bleiben sie meist über Jahre hinweg in diesem Gewässer und, bei entsprechend naturgemäßer Gestaltung, dem Garten treu.

Grasfrosch mit Laichballen

Kaulquappen vom Grasfrosch

Ein Gewässer wie in der Natur

Das Laichgewässer im Garten sollte natürlichen Tümpeln oder Weihern möglichst ähnlich sehen. Bauen Sie also keine »Bombenlöcher«. Amphibien brauchen keine tiefen Gewässer, sie laichen im flachen Wasser ab. Was auf Seite 78 gesagt wurde, muss vor allem bei naturnahen Teichen beherzigt werden, in denen Amphibien laichen sollen.

Bis auf Wasserfrosch und Teichfrosch überwintern alle Amphibien außerhalb des Teichs. Sie brauchen dort einen Unterschlupf – in Form eines Lesesteinhaufens, einer Trockenmauer mit geeigneten Hohlräumen, eines Holzstapels oder Reisighaufens. Planen Sie den Teich also immer als Einheit mit einer naturnahen Umgebung und gestalten Sie vor allem die Uferzonen abwechslungsreich.

Während Frösche sich in vegetationsreichen Teichen heimisch fühlen, die auch von hohem Gras, von Stauden und Gehölzen umgeben sind, wo sie sich tarnen und verstecken können, lieben Kröten aller Art besonders karge Lebensräume, in denen sie keine oder nur wenige natürliche Feinde zu fürchten haben. Wenn Sie wissen, dass in einer nahe gelegenen Kiesgrube verschiedene Krötenarten leben, dann bieten Sie ihnen einen vegetationsarmen Teich oder schaffen Sie den Molchen, die in wassergefüllten Wagenspuren im nahe gelegenen Wald laichen, ähnliche flache Tümpel, die auch ruhig im Schatten liegen können.

Bei einem kleinen Tümpel müssen Sie sich entscheiden, worauf Sie ihn am liebsten ausrichten möchten, bei einem größeren Teich oder bei der Kombination von mehreren Kleingewässern können Sie natürlich eine größere Variationsbreite schaffen. Achten Sie dabei immer auf eine möglichst lange Uferlinie. Reizvoll für Mensch und Tier ist eine Insel in der Mitte eines entsprechend großen Teichs. Dort finden die Tiere dann auch ein Refugium, auf dem sie von Menschen ungestört sind.

Fische und Amphibien

Fische und Amphibien vertragen sich in kleinen Teichen unter 20 Quadratmeter Oberfläche nicht. Diese sind zum einen für Fische ohnehin ungeeignet, zum anderen stöbern Fische in den Laichballen und Laichschnüren der Frösche und Kröten, und manche Arten fressen sogar Laich und jagen Kaulquappen. Bevor Sie in einen größeren Teich Fische einsetzen, sollten Sie im Flachwasser einige Bereiche so abgrenzen, dass die Fische nicht dorthin gelangen können.

Erdkröte

Laichschnur der Erdkröte

Geburtshelferkröte

Verschiedene Lurche

Frösche und Kröten, Unken, Molche und Salamander, sie alle werden unter dem Sammelbegriff Amphibien (= Doppellebige) oder Lurche zusammengefasst. Diese wiederum gliedert man in Froschlurche wie Frösche, Kröten und Unken, und Schwanzlurche wie Molche und Salamander.

Bei den **Fröschen** unterscheidet man Braunfrösche wie Grasfrosch, Moorfrosch und Springfosch sowie Grünfrösche, nämlich Seefrosch, Wasserfrosch, Teichfrosch und Laubfrosch. Unter den heimischen **Kröten** können wir Erdkröte, Geburtshelferkröte, Kreuzkröte, Knoblauchkröte und Wechselkröte antreffen, und von den seltenen **Unken** gibt es bei uns zwei Arten, die Gelbbauch-Unke und die sehr seltene Rotbauch-Unke.

Als **Schwanzlurche** bezeichnet man die vier **Molch-Arten**, nämlich Bergmolch, Fadenmolch, Kamm-Molch und Teichmolch, sowie Feuersalamander und Alpensalamander.

Laubfrosch

Wechselkröte

Welche dieser Lurche sich in unserem Lebensraum aus zweiter Hand einfinden, hängt vor allem von den Lebensräumen in der Umgebung des Gartens ab. Beeinflussen können wir die Zuwanderung nur durch ein Angebot, das den Biotopen der Umgebung ähnlich sieht und auf die Bedürfnisse der dort lebenden Arten ausgerichtet ist.

Die **Grünfrosch-Arten** überwintern als Einzige auf dem Teichboden, eine Ausnahme bildet der Laubfrosch. Seefrösche dürften unsere kleinen Gartentümpel seltener besuchen, bleiben also noch der Teichfrosch und der ihm ähnliche Wasserfrosch. Beide bevorzugen größere Teiche mit einer Tiefe von 80 bis 100 Zentimetern. Darin überwintern sie eingegraben im Bodenschlick.

Wichtig ist bei der Anlage nicht allein die Teichtiefe, sondern auch das sanfte Teichgefälle, das es den Tieren ermöglicht, nach einem langen Winter aus dem Teich zu krabbeln, wenn ihnen die Kraft zum Schwimmen fehlt. Wasser- und Teichfrösche können im Garten sehr zutraulich werden.

Die kleinsten aller Frösche, die **Laubfrösche**, sind die lautesten Konzertanten. Sie sind außerdem die einzigen heimischen Frösche, die klettern können. Ideal für sie sind in der Nähe des Teichs wachsende Himbeeren, Brombeeren oder Wildrosen. Dort sitzen sie durch ihre je nach Lichteinfall und Umgebung gelegentlich ins Blaue oder Bräunliche wechselnde Farbe gut getarnt oft in kleinen Kolonnen von drei oder fünf Fröschen und blicken einen mit geradezu menschlich keckem Grinsen an.

Frosch oder Kröte?

Etwas ruhiger bei ihren Laichkonzerten sind die **Braunfrosch-Arten**, von denen der Grasfrosch am häufigsten vorkommt. Er liebt vor allem die Versteckmöglichkeiten im hohen Gras oder zwischen Stauden am Ufer. Der Grasfrosch ist oftmals schon im Februar einer der ersten am Laichgewässer. Dort legt er meist in den frühen Morgenstunden seine Eier ab, die wir dann in Form von großen Laichklumpen im klaren Wasser erkennen. Meistens überwintert der Grasfrosch unter Laubhaufen, Holzstapeln oder Reisighaufen an Land, nur wo der Teich groß und tief genug ist, ausnahmsweise auch auf dem Teichboden. Dem Grasfrosch sowohl im Aussehen als auch in den Ansprüchen und Lebensgewohnheiten ähnlich sind der in Süddeutschland heimische Springfrosch sowie der in Norddeutschland vorkommende Moorfrosch.

Unter den **Kröten** ist die Erdkröte am weitesten verbreitet. Wie alle Kröten ist sie an dem breiten Maul von den spitzschnäuzigen Fröschen zu unterscheiden. Ihre Körperfarbe kann von graubraun bis rotbraun variieren. Charakteristisch sind die Warzen auf ihrem Rücken. Die Erdkröte überwintert in Landverstecken, die manchmal bis zu drei Kilometer vom Laichgewässer entfernt liegen. Auch sie laicht manchmal sehr früh und dann bis in den April hinein ab. Das Männchen lässt sich vom Weibchen auf den letzten Metern zum Teich huckepack tragen und lässt es auch im Wasser nicht mehr los, bis das Laichgeschäft vollendet ist. Erdkröten laichen in langen Schnüren ab, die sie oft um die Stiele und Blätter von Wasserpflanzen winden.

Alle Krötenarten besiedeln vorzugsweise karge Lebensräume. Flache Tümpel mit wenig oder ganz ohne Vegetation, Kiesstreifen, Schotterflächen und Trockenmauern mit Hohlräumen bieten ihnen einen idealen Lebensraum. Die recht seltene Wechselkröte liebt flache Pfützen.

Selten trifft man auch Gelbbauch- und Rotbauch-Unke an, wobei Letztere zu den gefährdeten Arten zählt. Der Rücken der **Unken** ist graubraun bis schwärzlich gefärbt und warzig. Von den Kröten unterscheiden sie sich durch ihre herzförmigen Pupillen und ihre auffällige gelbe oder rote Bauchzeichnung, die ihnen auch den Namen gab. Ihr Lebensraum ist ähnlich karg wie der der Kröten.

Molch und Salamander

Die vier Molch-Arten leben in Waldtümpeln, mit Wasser gefüllten Wagenspuren und ähnlichen Kleingewässern. Sie kommen je nach Art von Ende Februar bis Mai ins Laichgewässer. Danach besiedeln sie Landverstecke und gehen von diesen aus nachts auf Beutezug.

Bergmolch

Feuersalamander

In Gärten, die unmittelbar an einen vielfältigen Laub- oder Mischwald angrenzen, kann man gelegentlich auch **Feuersalamander** antreffen. Als Laichgewässer bevorzugen diese prächtigen Lurche einen beschatteten Tümpel oder einen träge und langsam fließenden Bach. Als Versteck und zum Überwintern suchen sie am liebsten locker geschichtete Steinhaufen auf.

Wie viel Wasser braucht ein Fisch?

Fische sind die letzten in der Nahrungskette eines Gewässers. Das heißt: Erst müssen andere Lebewesen in einem ausgewogenen Verhältnis in dem Gewässer vorhanden sein, bevor Fische darin leben können. Biologen und Gewässerkundler nehmen das Vorkommen von Fischen als Indiz dafür, dass das Wasser eines Sees oder Flusses nach früherer Schadstoffbelastung und Verunreinigung wieder sauber ist. Mit anderen Worten: von der Alge bis zu Schwimmpflanzen, vom Flohkrebs bis zur Mückenlarve und Wasserschnecke haben Lebewesen dieses Wasser so weit von Verunreinigungen und Schadstoffen befreit, dass auch Fische damit zurechtkommen.

Der Koi kann bis zu 70 cm lang werden; ein ausgewachsenes Tier braucht 350 Liter Wasser zum Leben.

Nicht die Fische halten das Wasser sauber, sondern das biologische Gleichgewicht der übrigen Lebewesen und sauberes Wasser sind die Voraussetzung für die Existenz von Fischen im Teich.

Als **Faustregel** für gesunden Fischbesatz gilt: Ein zehn Zentimeter langer Fisch braucht – mindestens – 50 Liter Wasser zum Leben. Doch ist dies nur eine grobe Orientierungshilfe. Kauft man etwa noch nicht ausgewachsene Fische, muss die Wassermenge natürlich nach der späteren Größe bemessen sein. Zum anderen kommt es nicht allein auf die Menge, sondern auch auf die Beschaffenheit des Wassers an. Manche Fische lieben sauerstoffreiches, kühles Wasser, während andere sich gerade dort nicht wohl fühlen.

Nachwachsende Nahrung

Und es kommt auf das Nahrungsangebot des Teiches an, sofern man Wildfische ansiedelt, die nicht gefüttert werden sollen. Dann muss so viel Nahrung in Form von Algen und Kleinlebewesen nachwachsen, wie die Fische zu ihrer Ernährung brauchen. Für den naturnahen Teich bedeutet dies, dass man mindestens ein, besser zwei oder drei Jahre mit dem Einsetzen von Fischen warten sollte. Bis dahin stellt sich heraus, ob sich unser Gartengewässer zu

einem nährstoffreichen Teich mit vielen Kleinlebewesen oder zu einem nährstoffarmen Teich entwickelt hat.

Der Fischteich muss im Gegensatz zum reinen Biotop-Teich tief genug sein: 1,20 bis 1,50 Meter, wenn es noch tiefer geht, umso besser. Ein Fischteich sollte nie in voller Sonne angelegt werden, sondern einen halben Tag lang beschattet sein.

Fische passen sich weder in ihrer Größe noch mit ihrer Vermehrung der Größe des Teichs an. Ein Koi wird nicht zum Stichling, wenn man ihn in einen mit Wasser gefüllten Waschzuber steckt. Und Goldfische vermehren sich rasend schnell auch in winzigen Teichen, vor allem wenn man sie füttert. Füttert man sie nicht, so räumen sie im Teich bald dermaßen schnell auf, dass außer ihnen kaum etwas überlebt und sie sich mit der Zeit bald die eigene Grundlage entziehen. Allerdings vermehren sich auch Wildfische im naturnahen Teich sehr schnell. Mittel, diese Vermehrungsfreude zu bändigen, gibt es nicht – die Pille für Fische wurde noch nicht erfunden. Deshalb ist es umso wichtiger, genau abzuwägen und zu planen und den Teich danach zu gestalten, bevor man Fische einsetzt. Dazu muss grundsätzlich unterschieden werden zwischen einem naturnahen Teich mit kleinen heimischen Wildfischen und einem reinen Fischteich, der mit großen, meist exotischen Fischarten besetzt werden soll.

Den Teich auf die gewünschten Fischarten abstimmen

Der Teich für heimische kleine Wildfische wird wie auf Seite 54 beschrieben mit sachtem Gefälle von höchstens 1:3 angelegt. Er muss also einen Durchmesser von neun Meter haben, um in der Mitte eine Tiefe von 1,50 Meter zu erreichen. Bei Wildfischen kommt es besonders darauf an, sich mit ihrem natürlichen Lebensraum zu befassen, um den Teich ihren Bedürfnissen entsprechend einzurichten und die richtigen Arten auszuwählen.

Gleiches gilt für die exotischen Arten. Da meistens der Platz fehlt, einen entsprechend großen Weiher anzulegen, baut man für sie ein Fischbecken mit entsprechender Umwälz- und Filteranlage, in dem die Fische gefüttert werden.

In der Natur kommen Fische nur in großen Gewässern vor. Als Faustregel gilt: ein 10 cm langer Fisch braucht 50 l Wasser zum Leben. Doch Fische wachsen und vermehren sich...

Wildfische für den Naturteich

Die kleinen heimischen Wildfische sieht man ja gar nicht, sie haben eine regelrechte Tarnfarbe, und außerdem sind sie scheu – wird oft gesagt. Ganz anders die Goldfische: Diese sieht man immer, und sie kommen, wenn man sie füttert.

Richtig ist, dass Elritze und Moderlieschen, Stichling und Bitterling und andere Wildfische oft nur ein wenig silbern schimmern. Sie bieten keine Unterhaltung für Menschen, indem sie sich zu einer festgesetzten Tageszeit an den Futterplatz dressieren lassen. Doch das ist ja auch nicht beabsichtigt. Der Reiz dieser Fische liegt in ihrem Verhalten, zum Beispiel bei der Laichzeit und Brutpflege des Stichlingsmännchens (siehe Bild rechts), das man am Teich beobachten kann. Da der Naturteich sachte abfällt, bietet der Sand oder helle Kies einen guten Hintergrund, um die Fische zu sehen. Übrigens färben sich Bitterlings- und Stichlingsmännchen sowie die Elritze während der Laichzeit.

Nur im Schwarm

Unsere kleinen Wildfische sind Schwarmfische. Sie sollten je nach Art zu fünf oder zehn Exemplaren eingesetzt werden. Im Schwarm fühlen sich die Fische sicherer, und für uns ist es leichter und schöner sie zu beobachten.

Der **Bitterling** wurde bereits auf Seite 111 in Verbindung mit der Teichmuschel erwähnt. Er lebt in vegetationsreichen Gewässern, also sollte auch der Teich dicht bewachsene Zonen aufweisen. Bedecken Sie den Boden mit einer etwa zehn Zentimeter dicken Schicht Flusssand, in die sich die Muscheln eingraben können, die der Bitterling zu seiner Vermehrung braucht. Hat das Männchen zur Laichzeit eine geeignete Muschel gefunden, verfärbt es sich. Eier und Samen legen beide Geschlechter in die geöffnete Muschel, in der sich die Larven entwickeln, bis sie schwimmen können. Man sollte etwa fünf bis sechs Fische einsetzen.

Der **Dreistachelige Stichling** ist der einzige Fisch, der im Wasser ein Nest baut. Dort hinein lockt er das Weibchen zur Eiablage, besamt die Eier und vertreibt dann das Weibchen. Anschließend pflegt er das

Bitterlingspärchen mit Teichmuschel

Elritze: das Männchen im Brutkleid

Ein Schwarm Moderlieschen

Gelege. Auch der Stichling bevorzugt krautreiche Teiche. Empfehlenswert sind vier bis sechs Fische für den Anfang.

Die **Elritze** liebt ebenfalls Teiche mit klarem, kühlem Wasser, leichter Strömung und kiesigem Teichboden. Ihre Laichzeit liegt zwischen April und Juli. Man setzt etwa zehn Fische ein.

Auch das **Moderlieschen** zieht pflanzenreiche, große Teiche vor, wo die Weibchen von April bis Juni ihre Eier in spiralförmigen Bändern an den Pflanzen ablegen, die dann wiederum von den Männchen betreut werden. Da das Moderlieschen ein typischer Schwarmfisch ist, sollte man mindestens zehn Fische einsetzen.

Der **Ukelei** liebt ein freies, kühles und nährstoffarmes Gewässer mit geringer Vegetation. Er laicht ab April bis Juni im flachen Wasser auf dem Kies. Ideal ist auch eine leichte Strömung, zum Beispiel durch einen künstlichen Bach, der in den Teich mündet. Etwa sechs bis acht Fische einsetzen.

Friedliche Wildfische?

Alle diese kleinen Wildfische, die eine Länge von 10 (Bitterling) bis 15 Zentimeter (Ukelei) erreichen, ernähren sich von Mückenlarven, Kleinkrebsen, Rädertierchen und Schwebalgen. Nur der Dreistachelige Stichling macht selbst vor Kaulquappen nicht Halt. Während der Brutzeit verhält er sich gegenüber anderen Tieren, auch Fischen, äußerst aggressiv. Er sollte deshalb nur in Teiche eingesetzt werden, in denen es genügend Rückzugsmöglichkeiten für andere Tiere gibt.

Stichlingspärchen vor seinem Nest

Wollen Sie dem Brutverhalten des Dreistacheligen Stichlings freien Lauf lassen, so empfiehlt es sich, vom Teich getrennt noch einige Tümpel anzulegen, in denen Amphibien ablaichen und sich entwickeln können. Eine Garantie dafür, dass sie aber nicht doch den Teich bevorzugen, gibt es freilich nicht. Ansonsten sollte man bei Bedarf eingreifen und der Vermehrung Grenzen setzen.

Da die Fische ja zuletzt in den Teich eingesetzt werden und der Biotop-Teich im Regelfall auch nicht für sie allein angelegt wurde, ist er auch nicht von vornherein auf eine bestimmte Fischart ausgerichtet.

Diese allgemeine Regel gilt auch für Wildfische: Legen Sie Ihr Gartengewässer also möglichst abwechslungsreich an, sodass es für alle etwas zu bieten hat, für Amphibien wie auch für verschiedene Fischarten. Neben einer pflanzenreichen Zone mit etwas wärmerem Wasser kann sich auch eine kühle, beschattete Zone ausdehnen, in die ein Bach mündet. Oder Sie entscheiden sich für zwei oder drei Fischarten mit gleichen Ansprüchen.

Zierfische für den Fischteich

Anders als die kleinen Wildfische stehen exotische Zierfische normalerweise im Mittelpunkt. Der Teich wird in erster Linie auf die Bedürfnisse der Fische abgestimmt, er muss also groß und tief genug sein. Denken Sie dabei auch an die Vermehrung der Fische.

Ein Fischteich mit einer Größe von mindestens 20 Quadratmetern und einer Tiefe von wenigstens 1,50 Meter muss nicht streng formal aussehen, er kann auch in geschwungenen Uferzonen angelegt sein. Und auch im Fischteich dürfen Pflanzen wachsen. Die Tiefenzonen schaffen Sie am Rand sowie durch auf dem Teichboden geschichtete Steine, auf die die Pflanzkörbe gestellt werden. Ordnen Sie Seerosen und andere Schwimmblattpflanzen nicht unmittelbar in der Strömung der Umwälzanlage an.

Zierfische müssen gefüttert werden. Der Zoofachhandel bietet Fischfutter für verschiedene Fischarten und Jahreszeiten an. Wichtig ist die richtige Dosierung des Futters, denn was von den Fischen nicht gefressen wird, belastet das Wasser.

Zur Wasserreinigung benötigen Sie eine Tauchpumpe oder eine außen installierte Kreiselpumpe. Die Leistungsfähigkeit einer solchen Pumpe richtet sich nach der Wassermenge, die gefiltert werden soll. Sie haben drei Möglichkeiten, das Wasser zu reinigen:

- **Sumpfbeet-Klärstufen:** Das Wasser wird aus dem Teich zu einer höher gelegenen künstlichen Quelle gepumpt. Von dort verrieselt es durch drei mit Repositionspflanzen (siehe Seite 147) bewachsene Becken, ehe es geklärt in den Teich zurückfließt.
- **Filter mit mineralischem Material:** Das Wasser wird durch eine mit Quarzsand, Kies oder mit Zeolith-Splitt gefüllte Filterkammer gepumpt. An den Steinen siedeln sich aerobe Bakterien an, die schädliche Verbindungen zersetzen.
- **Dreikammerfilter:** Das Wasser wird durch einen Dreikammerfilter mit unterschiedlichen Filtermaterialien geleitet, von Kunststoffbürsten bis hin zu Aktivkohle.

Wichtig ist, dass bei zugefrorenem Teich noch genügend Wasservolumen für die Fische bleibt. Außerdem muss der Gasaustausch geregelt sein und den Tieren genügend Sauerstoff zur Verfügung stehen. Wo der Fischteich mit Pflanzen wie Rohrkolben, Binsen, Kalmus oder Schwertlilien bestückt ist, müssen die trockenen Halme und Blätter stehen bleiben. Durch sie können Faulgase abziehen. Ergänzend dazu kann vor dem Zufrieren des Teichs ein Eisfreihalter aufs Wasser gelegt werden. Zusätzlich kann man den

Kois sind vielfältig gefärbte Karpfenfische aus dem Fernen Osten. Liebhaberexemplare mit besonderer Farbzeichnung werden zu hohen Preisen gehandelt.

Ausgesprochene Zierfischteiche brauchen eine leistungsfähige Pumpen- und Filteranlage, die das Wasser durch verschiedene Filtermaterialien schleust und reinigt.

Sauerstoffgehalt durch eine Membranpumpe und einen auf dem Teichboden befestigten Belüfterstein erhöhen.

Auch im Sommer, wenn das Wasser sich stark erwärmt, der Algenwuchs zunimmt und der Teich »umzukippen« droht, kann eine solche Teichbelüftung zumindest kurzfristig Abhilfe schaffen.

Exotische Zierfische

Goldfisch: robust und vermehrungsfreudig, gründelt gern und scheidet stark Stickstoffverbindungen aus. Kleine Goldfischteiche an sonniger Stelle sind bei fehlender Filterung meist sehr trübe.

Goldorfe: anspruchsloser agiler Allesfresser, der mehr an der Oberfläche lebt. Die Fische müssen in gut bepflanzten Teichen nicht extra gefüttert werden. Die Orfe ist ein guter Mückenjäger.

Koi: stattlicher Karpfenfisch, der in Japan religiöse Verehrung erfährt. Dort gilt er als Symbol für Glück, Erfolg, Wohlstand und langes Leben. Liebhaberexemplare werden zu Preisen in bis zu sechsstelligen Euro-Bereichen gehandelt. Dabei handelt es sich um Kois mit besonderer Farbzeichnung wie Rot auf Weiß, Schwarz auf Weiß, Rot auf Schwarz und andere. Es gibt auch einfarbige Kois und Exemplare mit mehreren Farben. Selbst die Art der Beschuppung wird unterschieden. Manche Exemplare fühlen sich seidenweich an. Der Koi benötigt einen Lebensraum von mindestens 5000 Liter Wasser, also einen großen und tiefen Teich, mit gut abgestimmter Filtereinrichtung, sowie besondere Kenntnisse und Aufmerksamkeit.

Neben diesen drei bekannten Arten gibt es noch verschiedene andere Zierfische für den Teich, zum Beispiel den Sonnenbarsch, den Scheibenbarsch und den Pfauenaugenbarsch. Allerdings ist es ratsamer, sich für wenige Fischarten zu entscheiden, die in ihren Ansprüchen und Lebensgewohnheiten zueinander passen, statt eine kunterbunte Sammlung im Teich anzusiedeln.

Goldfische sind wegen ihrer Robustheit und Zutraulichkeit die beliebtesten Zierfische. Zu viele Exemplare im Teich können aber auch Probleme bereiten.

BEWEGTES WASSER

BACHLÄUFE UND WASSERSPIELE

Tierischer Spaß: Ob als wasserschnaubendes Nilpferd oder von bronzenen Krebsen begleitet – eine Pumpe mit Wasserleitung lässt sich nahezu überall anschließen.

Wasser hat seit jeher nicht nur Kinder zum Spielen gereizt. Wasserspiele und Spingbrunnen aller Art waren bereits in der Antike ein beliebtes Gestaltungsmerkmal. Ob in den hängenden Gärten der Semiramis, an den Höfen ägyptischer Königspaläste, im alten Rom oder in den Schlossanlagen von Versailles oder Herrenhausen – bis auf den heutigen Tag bilden kleine und größere Wasserspiele in diesen historischen Anlagen einen attraktiven Anziehungspunkt. Natürlich wird heute auch das Wasser dieser Springbrunnen mit elektrischen Pumpen befördert. Doch wie hat man einen Springbrunnen zum Sprudeln gebracht, als es noch gar keinen elektrischen Strom gab? Die Antwort ist einfach: Die Brunnen wurden aus Reservoirs gespeist, die an erhöhter Stelle errichtet oder gleich in die ja nicht zu klein bemessenen Dächer der Schlösser und Paläste eingebaut waren. Dort sammelten sich beträchtliche Wassermengen, die einen oder auch mehrere Springbrunnen lange Zeit speisen konnten. Der Wasserdruck, der durch das merklich höher gelegene Bassin und einen im Vergleich dazu engen Rohrdurchmesser entstand, machte die kunstvollsten Wasserfiguren, hervorgebracht von speziellen Düsen, möglich.

Kraft des Wassers

Oft konnte man hier und dort auch einen höher gelegenen Fluss oder ein anderes natürliches Gewässer nutzen. Dies tat und tut man übrigens heute noch, zwar nicht in den ehemals hochherrschaftlichen Gärten, sondern in der Almwirtschaft, und zwar

Unterschiedliche Brunnen, aber das gleiche Prinzip: Aus einem unterirdischen Reservoir wird das Wasser durch ein Rohr an die Spitze getrieben und plätschert von dort herab.

durch einen so genannten hydraulischen Widder. Dieses Gerät ist zwar nur mit einem hohen Wasserdruck aus einer höher gelegenen Quelle zu betreiben, kann das Wasser dann aber um ein Vielfaches seiner Fallstrecke in die Höhe befördern. Mit dem hydraulischen Widder versorgen die Bergbauern ihr Vieh auf den Almen mit Wasser.

Für ein Wasserspiel oder einen Springbrunnen im eigenen Garten müssen wesentlich geringere Wassermengen gefördert werden. Oft geht es ja nur um einen kleinen Sprudelstein oder ein winziges Rinnsal, das den Bach andeuten soll.

In diesem Fall könnten Bastler auch das Experiment wagen, einen selbst gebastelten Springbrunnen durch eine höher gelegene Regenwassertonne zu betreiben. Man lässt das Wasser aus Brunnen oder Sprudelstein gewöhnlich ja ohnehin nur fließen, um sein Plätschern und seine Frische in abendlichen oder sonntäglichen Mußestunden zu genießen. Beschränkt man sich auf derart überschaubare »Laufzeiten«, ist es möglich, bei entsprechendem Wasservorrat und engem Rohr einen Sprudelstein, Springbrunnen oder ein kleines Rinnsal zu betreiben. Bleibt allerdings die Frage: Wohin mit dem herausgesprudelten Wasser? In einen Teich? Oder vielleicht in ein Schöpfbecken zum Gießen für den Garten?

Energie der Sonne

Die elektrischen Wasserpumpen verbrauchen vergleichsweise wenig Strom. Wer jedoch auch diesen Strom sparen will, kann seinen Sprudelstein, den Springbrunnen und sogar ein Rinnsal mit einer Fotovoltaikanlage betreiben (siehe Seite 16). Dazu müssen zunächst die gewünschte Wassermenge, die Höhe der Fontäne oder der Höhenunterschied zwischen Quelle und Mündung ermittelt werden. Anschließend wählen Sie dann eine Pumpe mit entsprechender Leistung aus.

Bach-Variationen

Ob Sie einen Sprudelstein, einen Springbrunnen oder künstlichen Bachlauf betreiben, das Prinzip ist immer das Gleiche: Das Wasser muss immer wieder zurück zur Springbrunnendüse oder einer künstlichen Quelle befördert werden. Beim Springbrunnen ist dieser Weg sehr kurz, beim Bach wird das Wasser durch eine unterirdisch verlegte lange Leitung geschickt.

Im Prinzip kann man einen kleinen Bach auch aus einem großen Wasserreservoir betreiben. Wenn jedoch das Regenwasser-Sammelbecken, aus dem der Bach gespeist wird, versiegt, liegt er wochen-, vielleicht sogar monatelang trocken. Eigentlich ganz wie in der Natur, denn auch dort trocknen Bäche zeitweise im Sommer aus. Nur wünschen wir uns gerade zur heißen Jahreszeit die Frische und Beschaulichkeit eines sachte dahinplätschernden Bachs. Ein Bachlauf, der im Sommer austrocknet, kann auch keine Wasser- oder Sumpfgewächse beherbergen, denn die wären bei anhaltender Trockenheit gefährdet. Umgekehrt besteht die Gefahr, dass sich im Bachbett Wildkräuter ansiedeln, es überwuchern und der Bach allmählich verlandet. Um dies zu unterbinden, wäre von Zeit zu Zeit ein größerer Eingriff erforderlich. Die Anlage eines solchen Baches wäre also nur etwas für Tüftler mit grünem Gewissen, die keinen elektrischen Strom im Garten einsetzen wollen.

Ein Bachlauf kann sich durch das Pflaster der Terrasse, durch Rasen oder durch eine Staudenrabatte schlängeln. Funkien und Farne gedeihen an seinem Ufer besonders üppig.

Der Reiz bewegten Wassers

In der Regel wird das Wasser eines künstlichen Baches durch eine elektrische Pumpe gefördert. Wie Sie die richtige Pumpe für Ihren gewünschten Bach auswählen, erfahren Sie auf Seite 138/139.

Bei der Gestaltung des Gartens bietet ein künstlicher Bach viele Reize und Vorteile: Er kann sich auf kleinem Raum selbst durch einen schmalen Reihenhausgarten schlängeln, vorbei an Stauden und alpinen Gewächsen, am Gemüsebeet und mitten durch den Rasen, sogar durch das Pflaster der Terrasse. Jeder Gartenbereich gewinnt durch das Wasser an Schönheit und an Üppigkeit, denn die vom fließenden Wasser ausgehende Luftfeuchtigkeit tut allen

Pflanzen, ja dem ganzen Garten gut. Und das verdunstende Wasser kühlt die Luft ab und macht den Aufenthalt im Garten angenehmer. Gestalterisch und kleinklimatisch eignet sich ein Bachlauf besonders als Ergänzung zu einem Steingarten oder Alpinum. Zum einen lässt er sich schön mit Natursteinen gestalten, zum anderen kommen Pflanzen, die von Natur aus in Felsspalten wachsen, zwar mit wenig Bodenfeuchtigkeit aus, gedeihen aber am besten in hoher Luftfeuchtigkeit. Auch an ihren Naturstandorten wachsen sie oft an den Felshängen einer Schlucht, durch die ein Wasserfall oder Bach fließt.

Die Auswahl von Stauden, die am Bach wachsen, ist riesig. Nahezu alles passt als Begleiter, und durch das Wasser kommen vor allem Pflanzen, deren spezielles Merkmal eher die Blätter als die Blüten sind, zu besonderer Geltung. Der Bach kann durch lichtschattige Bereiche unter Bäumen ebenso plätschern wie durch voll besonnte Staudenbeete, und er macht sich auch in einer Blumenwiese recht gut.

Sanfte Schwingungen

Bachläufe können sehr verschiedene und sehr individuelle Gestalt haben. Achten Sie dennoch darauf, Ihren Privatbach nicht auf kleinem Raum im Zickzack verlaufen zu lassen, sondern passen Sie ihn in sanft geschwungenen Biegungen an die Höhenlage und die Gestaltung Ihres Gartens an. Gut angelegt, sieht ein solcher Bach dann ganz natürlich aus.

Ein Steg gehört dazu: Von seiner Warte lässt sich der Bachlauf mit seinem feuchten und mit Kieselsteinen gesäumten Ufer bis in Bereiche überblicken, die man selten betritt.

Bachläufe wie in der Natur

Glücklich können Sie sich schätzen, wenn ein natürlicher Bachlauf durch Ihr Grundstück fließt. Lange Zeit wurden solche Bäche, die durch Wohngebiete fließen, in Rohre gefasst. Man sah von ihnen nichts mehr. Der Grund: Abwässer aus den Klärgruben wurden in die Bäche geleitet, dadurch Ratten angezogen, die verständlicherweise niemand im Garten und schon gar nicht im Haus haben wollte. Doch schade: Viele Bäche wurden auf diese Weise zur Kanalisation abgewertet. Heute gibt es solche Klärgruben, deren überlaufendes Wasser in öffentliche Gewässer geleitet wird, zum Glück nur noch selten, und so kann der natürliche Bach in die Gartengestaltung einbezogen werden.

Nutzen Sie den Bach, ohne ihn wesentlich zu verändern. Dies ist schon aus Gründen des Wasserschutzes nicht zulässig. Lassen Sie also das natürliche Ufer, wie es ist. Ein kleiner Stau durch eine ins Wasser gestellte Holz- oder Stahlplatte ist sicher erlaubt, sofern man sie immer wieder entfernen und dem Wasser freien Lauf lassen kann.

Der natürliche Charakter des Baches sollte nicht zerstört werden, doch man kann ihn verstärken, indem man ihm am Ufer eine Bepflanzung mit Wildpflanzen zugesellt, die gut in die landschaftliche Umgebung

Ein Bach ist pure Natur. Wo er durch ein Grundstück fließt, sollte er erhalten werden; wo man ihn anlegt, dienen natürliche Bachläufe als Vorbild.

Die natürliche Flora am Bachlauf, hier mit dem Weidenröschen, sollte gedeihen dürfen. Um ihre Vielfalt zu erhalten, sind behutsame Eingriffe erforderlich.

passen. Wo der Bach an einen Waldrand grenzt und durch teilweise beschattete Bereiche fließt, können dies Farne sein, aber auch Eisenhut, Frauenmantel, Herzblattlilien und verschiedene Arten von Primeln. Im sonnigen Bereich bietet sich eine Blumenwiese an, in der Blutweiderich, Trollblumen, Mädesüß, Baldrian, Beinwell und viele andere bunte und abwechslungsreiche Wiesenstauden gedeihen.

Höhenunterschiede nutzen

Wenn Sie einen Bach mit natürlichem Charakter künstlich anlegen wollen, erkunden Sie genau die Geländebeschaffenheit Ihres Grundstücks. Liegt es an einem Steilhang, so sind die Höhenunterschiede unübersehbar. In einem auf den ersten Blick flachen Gelände bestehen nur geringe, mit bloßem Auge kaum erkennbare Höhenunterschiede. Hier nehmen Sie ein Richtscheid und schlagen auf der von Ihnen gedachten Strecke des Baches Höhenpflöcke ein. Auch eine Schlauchwage kann Ihnen bei der Ermittlung der Höhenunterschiede helfen. Im Zweifelsfall lassen Sie das Gelände von einem Landschaftsgärtner nivellieren. Je besser das Bachbett der gegebenen Beschaffenheit des Geländes angepasst wird, desto natürlicher wirkt der fertige Bach mit seiner eingewachsenen Pflanzengesellschaft. Der Höhenunterschied spielt auch eine entscheidende Rolle bei der Auswahl einer Pumpe mit geeigneter Leistung.

Wasserfälle

Das Glück eines natürlichen Wasserfalls im Garten ist wohl kaum jemandem beschert. Wer sich einen Wasserfall wünscht, muss ihn schon selber anlegen. Um den Eindruck eines natürlichen Wasserfalls entstehen zu lassen, bedarf es einer leistungsfähigen Pumpe, die viel Wasser fördert. Diese Entscheidung ist nicht leicht, denn wer kann sich schon vorstellen, wie ein Wasserfall aussieht, dessen Pumpe beispielsweise 60 Liter pro Minute umwälzt? Da empfiehlt es sich, in Parkanlagen und öffentlichen Gärten oder auch in Gartencentern mit einer Schauanlage nach künstlichen Wasserfällen Ausschau zu halten und sich dann bei den Betreibern nach den technischen Einzelheiten zu erkundigen. Wie auf Seite 140 noch genauer erläutert ist, reicht die angegebene Leistung einer Pumpe allein nicht aus. Da die geförderte Wassermenge mit zunehmender Höhe immer weniger wird, muss beides im richtigen Verhältnis zueinander stehen.

Wie ein Bach kann auch ein Wasserfall unterschiedliche Formen annehmen. Im kleinen Garten oder wenn Sie keine besonders starke (und teure) Pumpe einsetzen wollen, lassen Sie das Wasser als Rinnsal in schmalem Strahl in die Tiefe fallen. In einen Felsengarten naturgerecht eingebettet, kann auch ein solcher Mini-Wasserfall einen eindrucksvollen Blickfang bie-

Geschickt ist das Wasser hier auf ein flaches, aber breites Bachbett mit einem ebensolchen Wasserfall verteilt. So entsteht der Eindruck von Größe und Natürlichkeit.

ten. Bei höherer Pumpenleistung stürzt das Wasser in gebündeltem Strahl in die Tiefe oder plätschert über eine steinerne Treppe. Oder Sie lassen es in Form eines breiten Vorhangs über eine künstliche aus Felsbrocken gestaltete Schwelle strömen und mit lautem Tosen in ein Wasserbecken stürzen. Unterschiedlich kann die Höhe sein, aus der das Wasser in die Tiefe fällt. Sie hängt nicht zuletzt von der Beschaffenheit des natürlichen oder künstlich aufgeschütteten Geländes in Ihrem Garten ab. Es kann sich dabei um eine Felswand handeln oder um mehrere Stufen unterschiedlicher Höhe, über die das Wasser in unterschiedlicher Geschwindigkeit und in immer wieder neuen Figuren strömt und plätschert. Wasserfälle lassen sich in vielen Variationen anlegen. Sie sollten natürlich immer auf den Charakter des Gartens abgestimmt werden.

An der Quelle

In der Natur sind Quellen oft unter Steinen oder Erdschollen verborgen. Das ausströmende Wasser sammelt sich in einem kleinen Quellbecken, aus dem es sich dann in einen kleinen Bach oder einen Wasserfall ergießt. Nach diesen Vorbildern legen wir auch die Quelle im Garten an. Die Mündung der Schlauchleitung wird unter einer Steinplatte verborgen, die ein wenig über den Rand eines kleinen Beckens hinausragt. Im Becken sammelt sich das Wasser, um dann über eine Schwelle zu treten und als Wasserfall in die Tiefe zu stürzen. Nicht nur von der Wassermenge, die aus der Quelle tritt, sondern auch von der Beschaffenheit der Schwelle hängt es ab, welche Gestalt der Wasserfall annimmt. Ein kleiner und enger Durchlass mit geringer Wassermenge erzeugt ein Rinnsal, eine breite Schwelle einen Wasservorhang, der je nach Wassermenge dünn tropfend oder sehr üppig sein kann. In der Natur bildet sich dort, wo das Wasser niederprasselt, ein kleines Becken, aus dem es in einen Bach fließt oder sich zu einem Teich ausweitet.

Kleine Fläche, große Wirkung: Eine Wassertreppe mit unterschiedlich hohen und tiefen Stufen erzeugt viele optische und akustische Reize.

Scheinbar wird der Teich aus diesem Quellstein gespeist. Optisch nicht ohne Reiz und ökologisch wie auch ökonomisch sinnvoll ist die Zufuhr von Regenwasser aus der Dachrinne.

Kombinationen

Ob Sie einen Sprudelstein, einen Springbrunnen, einen Bachlauf oder einen Wasserfall betreiben – immer geht Wasser verloren: durch Verdunstung an heißen Sommertagen, und manchmal wird es auch durch den Wind abgeweht. Aus diesem Grund ist es sinnvoll, das Regenwasser mit in die Planung einzubeziehen, vor allem wenn Sie mehrere Elemente des Wassergartens miteinander kombinieren. Wie die Abbildung oben zeigt, kann diese Kombination auch gestalterisch reizvoll sein. Das Regenwasser rieselt an der Kette hinab, versickert zwischen Kieselsteinen und sammelt sich in einem verborgenen Becken. Darin befindet sich eine Tauchpumpe, die das Wasser nach oben drückt und aus einem durchbohrten Stein sprudeln lässt. Wie bei jedem Springbrunnen rieselt es wieder zurück in das unterirdische Becken.

Wie das Foto zeigt, liegt außerdem ein Teich in unmittelbarer Nähe. So wäre es auch denkbar, das Regenwasser zunächst in den Teich zu leiten, von wo es mittels Pumpe zum Quellstein befördert und von dort über einen kleinen Wasserlauf wieder zurück in den Teich gelangt. Diese Variante hat zudem den Vorteil, dass die Wassermengen eines größeren Wolkenbruchs vom Teich besser aufgefangen werden können als in dem verhältnismäßig kleinen Becken eines Springbrunnens, das beim Zulauf von Regenwasser unbedingt auch einen geregelten Überlauf benötigt.

Mehrstufige Kaskaden

Sehr reizvoll lassen sich auch mehrere hinter- und übereinander angeordnete Teiche oder kleinere Wasserbecken in Form einer Kaskade kombinieren. An der Quelle kann wieder das Fallrohr einer Dachrinne stehen, welches allein jedoch nicht ausreicht, um das Wasser der Kaskade fließen zu lassen, vor allem nicht zum gewünschten Zeitpunkt, nämlich zu besinnlichen oder feierlichen Gartenstunden wie am Sonntagnachmittag zur Kaffeezeit oder zur Gartenparty an lauen Sommerabenden. Wie bei einem künstlichen Bachlauf muss also das Wasser vom letzten Element der Kaskade wieder zurück an eine künstliche Quelle gepumpt werden. Da bei fließendem Wasser immer Verluste entstehen, ist die Kombination mit zufließendem Regenwasser dort, wo sie möglich ist, auf jeden Fall zu empfehlen. Die Anzahl und Anordnung mehrerer Becken, Teiche, Überläufe oder Wasserfälle ist beliebig. Sie richtet sich nach der Größe und Beschaffenheit des Grundstücks und nach dem Harmonieempfinden der Gartenbesitzer.

Alle Größen, alle Formen und Varianten sind möglich

Vielleicht bildet den Anfang ein Bachlauf, der über einen Wasserfall oder eine Wassertreppe in einen Teich mündet, von dem das Wasser dann weiter durch einen Überlauf in ein Wasserbecken und schließlich wieder in einen Teich rieselt. Sie können mehrere kleine Becken miteinander kombinieren, deren Wasser in kurzen Abständen eine Kaskade bildet. Der Bach kann aber auch, wie auf dem Foto unten zu sehen ist, am Ende mehrerer Teiche und Becken stehen und das Wasser – ja, wohin führen? Das bleibt der Fantasie des Gartenfreundes überlassen ...

Lassen Sie sich beim Anblick dieses Fotos nicht entmutigen: Sie brauchen keinen großen Garten, um eine reizvolle und lebendige Anlage mit bewegtem Wasser entstehen zu lassen. Die Wasserbecken können klein sein, sie brauchen nur einen Durchmesser von einem Meter zu haben. Der Bachlauf kann ein Rinnsal sein, und das Ganze lässt sich mit einem Teich kombinieren, der mit einem Durchmesser von zwei bis drei Metern in jeden Reihenhausgarten passt. Wenn Ihnen mehr Platz zur Verfügung steht, umso besser. Wichtig ist weniger die Größe des Wassergartens als vielmehr seine harmonische Verbindung mit dem Umfeld. Geschickt eingebettet, wirkt die ganze Anlage deutlich großzügiger, als sie in Wirklichkeit ist.

Aus formalen Becken ergießt sich das Wasser in einen geradlinigen Wasserlauf. Diese einfache Kombination lässt sich mit etwas Fantasie selbst auf kleinstem Raum vielfältig variieren.

Vegetationsreiche Bachläufe

Bäche in der Natur können sehr unterschiedlich beschaffen sein. Der Gebirgsbach stürzt sich als tosender Wasserfall von einem Felsen, schürft sich gurgelnd und schäumend immer tiefer in den steinigen Untergrund und lässt Schluchten mit schroffen Felswänden entstehen, an denen eine Mauervegetation im feuchten Klima der Schlucht hervorragend gedeiht. Nicht nur Algen und Moose siedeln sich dort an, sondern auch Farne und manches andere Gewächs, dessen Samen ganz zufällig in eine Felsspalte gefallen ist.

Zwischen lichten Laubbäumen plätschert der Waldbach, an dessen Ufer im Frühling Schlüsselblumen, Buschwindröschen, Bärlauch und Veilchen blühen und der im Sommer von Farnen und Gräsern gesäumt wird. Andere Bäche fließen durch Wiesen mit Sumpfdotterblumen, Scharbockskraut, Wiesenschaumkraut und Schachbrettblumen im Frühling sowie einem üppigen Wiesenflor mit Wiesen-Knöterich, Hahnenfuß, Trollblume, Mädesüß und Blutweiderich im Sommer. Übergänge und Kombinationen von Gebirgs- und Waldbach bis hin zum Wiesenbach gibt es zur Genüge.

Während sich die Bachlandschaft in der Natur über viele Kilometer erstreckt, schaffen wir ihr Abbild auf kleinstem Raum.

Üppiger Staudenflor und klares Wasser bilden eine wohltuende Einheit: Dreimasterblume und Frauenmantel am Ufer, Sumpfdotterblumen und Binsen im flachen Wasser.

Sanft schlängelt sich der Bachlauf auf den Teich zu. Die Staudengesellschaft am Rand geht optisch nahtlos in die Sumpf- und Flachwasserzone des Baches über.

Dabei soll eine Miniatur-Bachlandschaft stets so wirken, als sei sie von selber entstanden. Also: trotz geballter Vielfalt nicht überladen, sonst wirkt es leicht kitschig. Im naturnahen Garten beschränken wir uns auf die Pflanzen, die auch an einem natürlichen Bachufer gedeihen könnten, und das sind nicht wenige. Doch es ist nicht damit getan, einen Bach anzulegen und seine Uferzonen zu bepflanzen.

Lebensbereiche eines Bachbetts

Im und am Bachbett lassen sich unterschiedliche Lebensbereiche schaffen. Manche Pflanzen gedeihen am besten im fließenden, andere im beruhigten Wasser, wieder andere im Sumpf oder am feuchten Ufer außerhalb des Bachbetts. Um diese Vielfalt der Lebensbereiche und ihrer Pflanzen zu ermöglichen, muss unser Bachbett mehr als nur eine mit Steinen bedeckte Wasserrinne aufweisen. Bauen Sie Staustufen ein, vor denen sich der Bach hier und dort in eine Sumpfzone ausweitet. Ahmen Sie im weiteren Verlauf hier und dort einen Kolk nach, bei dem das fließende Wasser das angrenzende Erdreich ausgehöhlt hat und einen Bereich bildet, in dem das Wasser zur Ruhe kommt. Wie beim Teich sollten auch die Sumpfzonen eines Baches nicht zu knapp bemessen sein, denn hier gedeihen viele dekorative Sumpfstauden des Teichrandes.

Pflanzen für Brunnen, Bachlauf und Wasserfall

Deutscher Name	Botanischer Name	Blütezeit [1] und -farbe	Wasser-tiefe in cm	Standort	Verwendung
Bachbunge	*Veronica beccabunga*	5–9 blau	10	Fließgewässer	Quellen, Bäche, Überläufe von Wasserbecken
Bach-Nelkenwurz	*Geum rivale*	5–6 rotbraun	10	Fließgewässer	Quellen, kleine Bäche, Überläufe von Wasserbecken
Bach-Quellkraut	*Montia fontana*	6–8 weiß (unscheinbar)	0–20	Fließgewässer, feuchtes Ufer	Quellen, Bäche, Überläufe von Wasserbecken
Brunnenkresse	*Nasturtium officinale*	5–9 weiß	5–20	Fließgewässer	Quellen, Bäche, Überläufe von Wasserbecken, auch Schatten
Hornblatt	*Ceratophyllum demersum*	keine	ab 30	langsam fließendes Gewässer und beruhigtes Wasser	auf dem Gewässerboden zur Verbesserung der Wasserqualität, gegen Algen
Kalmus	*Acorus calamus*	gelblichgrün	10–20	Randzone, beruhigtes Wasser	starkwüchsig, nur für größere Bäche
Kleiner Rohrkolben	*Typha minima*	5–6 braun	10–20	Randzone, beruhigtes Wasser	verträgt leichte Wasserbewegung
Morgenstern-Segge	*Carex grayi*	Fruchtstände 7–8	0–10	Randzone, beruhigtes Wasser	dekorative Fruchtstände, deshalb an gut einsehbare Stelle pflanzen
Nadelsimse	*Eleocharis acicularis*	keine	20–60	Unterwasserpflanze	wirkt gegen Algen
Rosen-Primel	*Primula rosea*	3–4 rosa	feuchtes Ufer	Gartenboden	außerhalb der Abdichtung, sehr frühe Blüte, passt gut zu Sumpfdotterblume und Sumpf-Vergissmeinnicht
Strauß-Felberich	*Lysimachia thyrsifolia*	6–8 gelb	0–10	Randzone, beruhigtes Wasser	Platz einräumen: bildet unterirdische Ausläufer
Sumpfdotterblume	*Caltha palustris*	3–4 gelb	0–10	feuchtes Ufer, Sumpf mit gel. Überflutung	passt zu Sumpf-Vergissmeinnicht und verschiedenen Primeln
Sumpf-Kalla	*Calla palustris*	6–7 weiß	0–15	Sumpf, beruhigte Flachwasserzone	in Kolk oder Mündungsteich eines Bachs oder Wasserfalls pflanzen
Sumpf-Vergiss-meinnicht	*Myosotis palustris*	5–9 hellblau	feuchtes Ufer	Sumpf oder außerhalb der Abdichtung	passt gut zu Rosen-Primel und Sumpfdotterblume
Trollblume	*Trollius europaeus*	5–6 gelb	feuchtes Ufer	Sumpf oder außerhalb der Abdichtung	verträgt auch etwas Schatten
Wasser-Hahnenfuß	*Ranunculus aquatilis*	keine	50–60	Unterwasserpflanze	wasserreinigende Wirkung
Wasser-Minze	*Mentha aquatica*	7–10 hellviolett	20–60	verträgt leichte Strömung	Heil- und Teepflanze mit starkem Aroma
Wassermoos	*Fontinalis antipyretica*	keine	20–30, Unter-wasserpflanze	Fließgewässer	größere Quelltöpfe, Bachläufe vor Wasserfällen, Sauerstofflieferant
Zwergbinse	*Juncus ensifolius*	braune Ähren	0–10	Sumpf	bildet Horste, mit der Zeit wuchernd

[1]) in Monaten

Auch beim Bachlauf gibt es unterschiedliche Vegetationszonen, deren Pflanzen eine sich ergänzende Einheit bilden. Einige Wasserpflanzen gedeihen im fließenden Wasser, zum Beispiel das bereits vom Gartenteich bekannte Hornkraut *(Ceratophyllum demersum)*. Beliebte Pflanzen für das fließende Wasser sind auch die Bachbunge *(Veronica beccabunga)* sowie die Brunnenkresse *(Nasturtium officinale)*. Dabei ist zu beachten, dass der Bach ja nicht rund um die Uhr, sondern meist nur gelegentlich und dann nur für ein paar Stunden am Tag in Betrieb ist. Oft fließt er wochenlang nicht.

Trockenzeiten des Bachs

Dies entspricht ein wenig der Situation in der Natur. Auch dort fließt immer weniger Wasser, je länger eine sommerliche Trockenheitsperiode anhält, und schließlich trocknet der Bach unter Umständen ganz aus. In solchen Fällen schalten wir im Garten die Pumpe ein. Andererseits ist der Gartenbach im Winter stillgelegt, während sich manches Rinnsal in der Natur vor allem nach der Schneeschmelze in einen reißenden Strom verwandeln kann.

Auch wenn sich die Gestaltung des Gartenbachs an natürliche Vorbilder anlehnt, muss die Vegetation sich doch Bedingungen anpassen, wie sie in der Natur nicht vorkommen. Um die Pflanzen in der Mitte des Bachlaufs, in seiner Fließrinne, zu erhalten, muss der Bach so beschaffen sein, dass das Wasser dort stehen bleibt, wo die Pflanzen wachsen, sobald es nicht durch die Pumpe im Fluss gehalten wird. Wie man einen Bachlauf unter dieser Zielsetzung anlegt, wird auf Seite 136/137 erläutert.

Wasser-Minze *(Mentha aquatica)*

Mädesüß *(Filipendula ulmaria)*

Am Rand der Sumpfzone wird der Kies, in dem die Pflanzen wachsen, mit Steinen vor dem Wegspülen gesichert. Feuchte, sumpfige Randbereiche können nach Belieben und zur Verfügung stehendem Platz ausgedehnt werden und allmählich in eine feuchte Uferzone übergehen. Schaffen Sie in einem breiter angelegten Bachlauf neben Kolks mit beruhigtem Wasser auch Sand- und Kiesbänke. Die Pflanzen setzt man hier dann zweckmäßigerweise ohne Container ein.

Rosen-Primel *(Primula rosea)*

Bachbunge *(Veronica beccabunga)*

Anlage eines Bachlaufs

Die Bauweise eines künstlichen Bachlaufs ist der eines Gartenteichs sehr ähnlich. Allerdings muss hier genau auf die Höhenabstufungen, die Randverarbeitung und auf die Tatsache geachtet werden, dass bewegtes Wasser immer auch etwas davonspült, also Erosion verursacht und die Abdichtung freilegen kann.

Vorbild einen Bachlauf: Sachte fließt das Wasser über mehrere Staustufen und kommt in den einzelnen Becken immer wieder zur Ruhe. Sumpf- und Ufervegetation gehen nahtlos ineinander über.

Es ist möglich, einen künstlichen Wasserlauf mit **Ton** abzudichten. Hierbei müssen alle beim Bau eines Bauchlaufs gebotenen Regeln mit besonderer Sorgfalt befolgt werden.

Das Bachbett muss sowohl in Längsals auch in Querrichtung sachte abfallen. Die beiden sich gegenüberliegenden Ränder des Baches müssen exakt die gleiche Höhe aufweisen. Sicherheitshalber deckt man den verdichteten Ton mit einer Vliesmatte ab, bevor er mit einer 20 Zentimeter dicken Kiesschicht beschwert wird. Wo die Wassermassen eines Wasserfalls auf den Boden des tiefer gelegenen Beckens prallen, empfiehlt es sich, einen oder mehrere größere Steine anzuordnen, die die Abdichtung schützen und zudem einen schönen optischen und akustischen Effekt des spritzenden Wassers hervorrufen.

Auch für den künstlichen Bachlauf und einen Wasserfall in Miniaturausgabe gibt es **Fertigelemente aus Glasfaserverstärktem Polyesterharz** (GFK) und anderen Kunststoffen. Manche dieser Elemente sind dünn mit Sand beschichtet und brauchen nur noch in Höhe und Länge zu einem kleinen Bachlauf aneinander gesetzt werden. Anschließend dekoriert man ein paar schöne Steine und feinen Kies um sie herum, sodass von den Elemen-

Wie ein Teich wird auch der Bachlauf mit einer Folie abgedichtet ①. Eine Unterwasserpumpe ② befördert das Wasser durch eine Schlauchleitung ③ wieder zurück zur Quelle ④. Eine Lage Kies und dekorative Steine verbergen die Folienabdichtung ⑤.

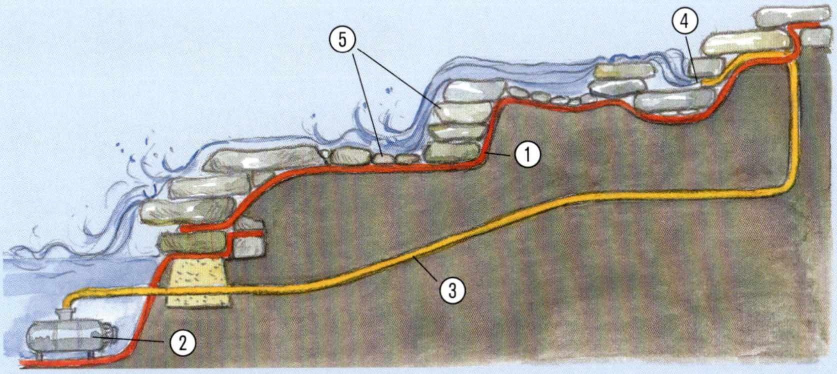

ten nichts mehr zu erkennen ist. Größere Elemente für den Wasserlauf werden durch Schrauben miteinander verbunden. Zuvor trägt man auf die Verbindungsflächen Silikon zur Abdichtung auf. Sollen solche Bachläufe natürlich wirken, müssen sie allerdings mit reichlich Kies bedeckt werden, wodurch wiederum das Fassungsvermögen für das Wasser verringert wird. Wie bei den Fertigteichen liegen die Vorteile der Fertigelemente in der Haltbarkeit des Materials sowie im leichten Einbau. Der Nachteil besteht darin, dass man durch die vorgegebenen Formen gestalterisch eingeengt ist.

Folienabdichtung

Letztlich bleibt auch für die Abdichtung eines künstlichen Bachlaufs **Folie** das Material, mit dem man am vielseitigsten gestalten kann, ohne über besondere Kenntnisse zu verfügen. Was allerdings nicht von der Sorgfalt bei der Anlage und Abdichtung entbindet. Markieren Sie die Breite und die Höhen des Bachbetts mit Schnüren. Achten Sie darauf, dass die beiden Ränder des Bachlaufs immer parallel in gleicher Höhe zueinander verlaufen, damit das Wasser nicht aus dem Bachbett fließt.

Im Längenverlauf des Baches muss die Folie den Senken und Staustufen folgen, andernfalls kann es vorkommen, dass das Wasser nicht über die Steine hinwegplätschert, sondern durch die Fugen zwischen ihnen hindurchfließt.

Nehmen Sie sich Zeit für die Planung des Bachlaufs. Wo genügend Platz zur Verfügung steht, können Sie Mäander und Kolke einbauen, die dem Bach nicht nur seinen besonderen Reiz verleihen, sondern auch eine abwechslungsreichere Bepflanzung zulassen. Denken Sie beim Aushub des Bachbetts auch daran, dass die Folie später an keiner Stelle mehr sichtbar sein darf. Gerade beim fließenden Wasser kommt es auf eine ausreichende Abdeckung mit Kies und Steinen an, sie sollte 5–10 Zentimeter dick sein. Ansonsten gilt für die Folienabdichtung eines Baches das Gleiche, was auf Seite 78 bei der Teichabdichtung mit Folie beschrieben wurde.

Wenn Sie schon etwas Erfahrung gesammelt haben oder einen Fachmann zu Rate ziehen, können Sie die Bachanlage variieren, indem Sie zusätzlich Regenwasser zulaufen lassen, das in einem zwischen Fallrohr und Bachlauf angelegten Sumpfbeet gereinigt wird.

Wenn Wasserverluste immer wieder durch Regenwasser vom Dach ergänzt werden, können Sie durch einen bewusst eingebauten Überlauf am Rand des Bachbetts auch das Teichufer außerhalb der Folie mit Feuchtigkeit versorgen. Das kommt der Ansiedlung einiger Stauden wie etwa Etagen-Primeln oder Farnen entgegen, darf aber nicht dazu führen, dass ständig Wasser über den Rand hinausläuft. Ein Überlauf muss also immer in der Weise angelegt sein, dass nur dann Wasser aus dem Bachbett treten kann, wenn durch den Zulauf von Regenwasser ein bestimmter Wasserstand erreicht ist.

Elektrische Pumpen

Um einen künstlichen Bachlauf überhaupt zu betreiben, brauchen Sie eine elektrische Pumpe sowie eine Wasserleitung. Die Auswahl einer Pumpe mit der gewünschten Leistung ist nicht leicht. Das Diagramm Seite 139 soll Ihnen als eine kleine Hilfe dienen. Voraussetzung ist aber, dass Sie überhaupt einmal eine Vorstellung von der gewünschten Größe des Baches und der Menge des fließenden Wassers bekommen. Sehen Sie sich dazu künstliche Wasserläufe in öffentlichen Anlagen oder in Schaugärten von Garten- und Landschaftsbaubetrieben und Gartencentern an und erkundigen Sie sich nach der Pumpenleistung. Bei der Auswahl der Pumpe spielt die Länge des Bachlaufs eine geringe Rolle. Sie kann vernachlässigt werden. Entscheidend ist der Höhenunterschied zwischen dem Ansaugkorb der Unterwasserpumpe und der Quelle.

Fertigelemente für den Bachlauf lassen sich leicht zusammensetzen. Ob am Rand als Stein-Imitation ausgebildet (oben) oder mit Sand beschichtet (unten) sieht der Bach nur dann natürlich aus, wenn die Fertigteile ganz mit Kies bedeckt werden.

Die Unterwasserpumpe wird in das Becken gestellt, in das der Bach mündet. Von dort drückt die Pumpe das aufgenommene Wasser von der Wasserleitung wieder zurück an die künstliche Quelle. Je größer der Höhenunterschied zwischen dem Ansaugstutzen der Pumpe und der künstlichen Quelle, desto geringer ist die Wassermenge, die an der Quelle heraustritt – und umso leistungsfähiger muss die Pumpe sein, um diesen Verlust auszugleichen.

Im Zweifelsfall: Installation vom Fachmann

Die elektrische Installation moderner Tauchpumpen ist so einfach gehalten, dass Sie die Pumpe nur noch ins Wasser zu stellen brauchen. Auch der Anschluss der Schlauchleitung, durch die das Wasser zur Quelle befördert wird, bereitet keinerlei Schwierigkeiten. Achten Sie beim Kauf der Pumpe auf die Zeichen der Sicherheitsprüfungen von TÜV, GS und DVE. Wenn Sie allerdings eine elektrische Installation wünschen, die von vorgefertigen Installationen abweicht, dann müssen Sie diese unbedingt einem Elektriker überlassen. Der Ansaugkorb einer Pumpe ist mit einem Grobfilter versehen. Ein zusätzlicher Filter ist nicht erforderlich.

Auf der Querschnittzeichnung Seite 137 ist die Wasserleitung der besseren Verständlichkeit halber unter dem Bachlauf dargestellt. In der Praxis verläuft sie selbstverständlich daneben. Dabei wird man normalerweise den kürzesten Weg vom Teich zur Quelle suchen. Denken Sie aber auch daran, dass die Leitung im Fall eines Defektes gut zugänglich sein sollte, und zwar so, dass Sie beim Aufgraben möglichst wenig vom umgebenden Garten zerstören. Deshalb bieten sich eine Rasenfläche oder der Saum eines Weges an.

Je nach gewünschter Wassermenge und Förderhöhe stehen Pumpen mit unterschiedlicher Leistung zur Auswahl.

Frostfrei muss die Leitung nicht verlegt werden, denn man entleert sie zum Winter. Doch die Wasserleitung sollte vor ungewollter Zerstörung geschützt sein. Allzu leicht denkt man bei späteren Gartenarbeiten nämlich nicht mehr daran, dass gerade an dieser Stelle eine Wasserleitung verläuft.

Schachten Sie daher einen schmalen Graben von etwa 30 Zentimeter Tiefe aus und betten Sie die Leitung auf einer etwa fünf Zentimeter dicken Sandschicht. Anschließend füllen Sie noch einmal Sand auf, sodass die Leitung einige Zentimeter bedeckt ist. Wenn Sie ganz auf Nummer Sicher gehen wollen, decken Sie vor dem Zuschaufeln eine Lage alter Dachpfannen oder Fliesen darüber.

Pumpenförderleistungen im Überblick

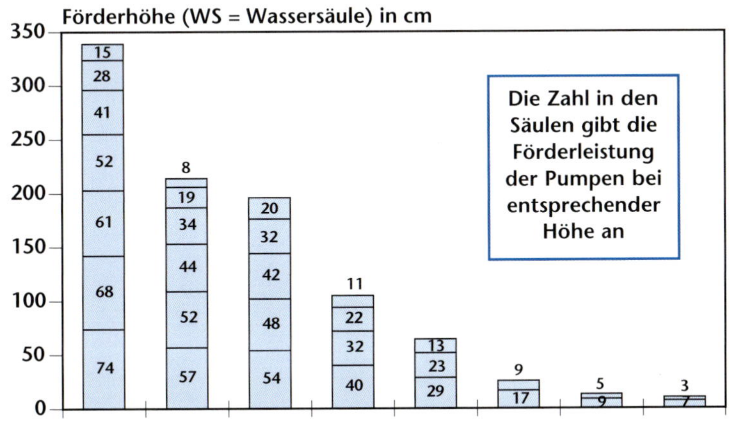

Pumpentyp	A	B	C	D	E	F	G	H
Liter/min	80	60	58	45	32	20	15	10
max. Förderhöhe (WS) in m	3,75	3,30	2,80	2,30	2	1,40	1,20	1,20
Leistung (Watt)	85	75	60	38	30	15	8	10

Obiger Grafik liegen die Leistungen der Heissner-Pumpen zu Grunde, die wir mit Dank übernommen haben. Weitere Informationen unter www.heissner.de

Mit zunehmender Förderhöhe nimmt die geförderte Wassermenge ab. Wer bei einem größeren Höhenunterschied mehr als nur ein Rinnsal fließen lassen will, braucht eine leistungsfähige Pumpe.

SCHWIMMEN

POOL ODER SCHWIMMTEICH?

An einem sonnigen Sommermorgen und heißen Arbeitstatg im eigenen Garten ein erfrischendes Bad zu nehmen – wer wünscht sich das nicht? Man spart eine zusätzliche Fahrt mit dem Auto zum öffentlichen Freibad oder See, die damit vverbundene Parkplatzsuche, kann statt Trubel die Ruhe im Garten genießen und, ohne erst einen weit entfernten FFK-Strand aufzusuchen, ungeniert alle Hüllen fallen lassen: Der eigene Swimmingpool macht's möglich.

Doch ein Swimmingpool bereitet nicht nur Freude, sondern auch einige Arbeit, und er verursacht Kosten. Alljährlich muss das Wasser ausgetauscht und das Becken gereinigt werden. Die Wasserrechnung ist hoch, und ohne regelmäßige Gaben chemischer Desinfektionsmittel ist das Baden im Pool nicht möglich.

Einfach ins kühle Nass springen, wenn einem danach zu Mute ist – wer wünscht sich das nicht? Allerdings ist dieser Spaß nur mit regelmäßigen Aufwendungen zu haben.

Natur pur im eigenen Schwimmteich. Für Kinder bietet er rund ums Jahr sowohl Vergnügen als auch lehrreiche Erlebnisräume im Teichbiotop.

Schwimmteich

Ein Schwimmteich gleicht einem natürlichen See im Miniformat: In der Mitte erstreckt sich eine mehr oder weniger große freie Wasserfläche – zum Schwimmen –, am Rand wird das Gewässer durch einen vielfältigen Wasserpflanzengürtel umrahmt. Wie bei einem Gartenteich finden sich dort auch Libellen, Frösche, Kröten, Molche und andere Wassertiere ein. Der Schwimmteich ist die ideale Verbindung von Badegewässer und Biotop. Die Pflanzen halten das Wasser sauber und bilden so die bessere Alternative zu chemischen Mitteln. Voraussetzung ist allerdings, dass die Vegetationszone mindestens ebenso viel Platz einnimmt wie der Schwimmbereich. Durch die Bewegungen der Badenden wird das Wasser innerhalb des Teiches umgewälzt. So wird verschmutztes immer wieder gegen von den Pflanzen gereinigtes Wasser ausgetauscht.

Es liegt an dem Verhältnis von Teichgröße und Benutzung sowie Ihrem eigenen Ermessen, ob Sie dem Schwimmteich eine zusätzliche Filterung angliedern oder sich auf die Reinigung der Pflanzen verlassen. Eine gelegentliche Wassertrübung ist in einem natürlichen Gewässer eine normale Erscheinung und auch im Schwimmteich kein Anlass zur Besorgnis.

Befragt man verschiedene Schwimmteichbauer, so vertrauen manche ganz den Pflanzen und der Selbstreinigung des Wassers, andere eher einer aufwändigen Filtertechnik. In meinem Buch »Der Traum vom eigenen Schwimmteich« habe ich verschiedene Schwimmteiche, ihre Anlage und Pflege ausführlich beschrieben.

Raus aus dem Haus und hinein ins erfrischende Nass. Für diesen Spaß muss ein Schwimmteich nicht groß sein. Und die Eltern haben ihre Kinder vom Haus aus immer im Blick.

Schwimmteich-Beispiele

Der Schwimmteich rückt auch für Otto Normalverbraucher in erreichbare Nähe, denn seine Anlage kostet inzwischen weniger als ein vergleichbarer Swimmingpool, zumal man beim Bau auch selbst mitwirken kann. Auch gestalterisch bringt der Schwimmteich Vorteile, denn mit der Folienabdichtung lässt er sich jeder Gartengröße in beliebiger Form anpassen.

Selbst in einen kleinen Garten fügt sich die natürlich anmutende und von Pflanzen umwachsene Wasserfläche besser ein als ein türkisfarbenes Schwimmbecken. Wie das Bild oben zeigt, kann auch ein kleiner Schwimmteich ohne Weiteres seinen Zweck erfüllen. Das Holzdeck verbindet das Haus mit dem Badeteich und dient im Sommer als Einstiegsfläche ins Wasser, in der Übergangszeit, wenn das Wasser zum Baden noch zu kalt ist, kann dort der Kaffeetisch gedeckt und das Tierleben im und um den Teich beobachtet werden.

Das Wasser wird hauptsächlich durch Pflanzen sauber gehalten. Wenn überhaupt, dann ist nur eine geringfügige Umwälzung und Filterung des Wassers erforderlich, die ebenfalls auf natürliche Weise vonstatten geht. Im Gegensatz zum Swimmingpool wird das Wasser nicht oder nur in Ausnahmefällen gewechselt. Statt alljährlicher Putzaktionen beschränkt sich die Pflege des Schwimmteichs auf gelegentliches Absaugen des Schlamms vom Boden des Schwimmbereichs mit einem Teichsauger und Ausdünnen der Randvegetation im Abstand von einigen Jahren. Auf dem Foto ist die Bepflanzung noch jung. Bald wird die Trennwand zwischen Schwimm- und Vegetationszone nicht mehr zu sehen sein.

In der Mitte liegt der Schwimmbereich, am Rand die Vegetationszone mit den Pflanzen zur Wasserreinigung. In der oberen Schicht sind beide Bereiche durch das Wasser verbunden.

Schönheit rund ums Jahr

Man möchte fast nicht glauben, dass der Schwimmteich auf dem Bild unten künstlich angelegt wurde. In seiner Form gleicht er absolut einem natürlichen Gewässer. Diese Größe eines Schwimmteichs bietet nicht nur viel Platz zum Schwimmen, sondern eröffnet auch vielfältigere Gestaltungsmöglichkeiten. Das Wasservolumen ist wesentlich größer als bei einem kleinen Teich, zumal bei dieser Größe auch mehr Tiefe und ein wesentlich breiterer Pflanzengürtel möglich ist. Wenn in diesem Teich nur wenige Personen baden, erübrigt sich jede zusätzliche Wasserreinigung durch aufwändige Filteranlagen.

Gestalterisch bildet dieser Schwimmteich einen harmonischen Übergang von dem gepflegten Rasen zu einem naturbelassenen Gartenbereich mit einer bunten Blumenwiese. In dieser Umgebung fühlen sich nicht nur die Menschen, sondern auch zahlreiche schillernde Libellen, Amphibien und Vögel wohl – Natur pur also!

Der Schwimmteich ist ein Biotop, in dessen Mitte wir eintauchen und uns als Teil des Ganzen fühlen dürfen. Und noch etwas: Der Teich bietet mit seiner Eisdecke auch im Winter einen schönen Anblick.

Fast wie ein natürlicher See mutet dieser große Schwimmteich an, bei dem sich die Grenzen zwischen Vegetationsgürtel und Schwimmzone verwischen.

Die formale Anmutung eines Swimmingpools wird durch die naturnahe Vegetationszone dieses Schwimmteichs wieder aufgehoben: Kultur und Natur gehen ineinander über.

Seine Oberfläche ist im Normalfall sogar groß genug zum Schlittschuhlaufen oder zum Eisstockschießen.

Auch wenn das Wasser eines Schwimmteichs wie das eines natürlichen Sees oder Weihers durch die Pflanzen und zahlreiche Mikroorganismen rein gehalten wird, so muss dieses Badegewässer nicht unbedingt wie ein Naturteich aussehen.

In unmittelbarer Nachbarschaft eines modernen Gebäudes bietet sich zumindest ein langer schnurgerader Teichrand an, wie wir ihn von den formalen Teichen kennen. Wie bereits auf Seite 23 beschrieben, dient bei diesem Beispiel der Schwimmteich auch als Reflektionsteich für den Wintergarten zur kalten Jahreszeit – natürlich nur, solange er nicht zugefroren ist. Auf der gegenüberliegenden Seite läuft die Vegetationszone wie der Randbereich eines natürlichen Sees allmählich ins flache Wasser, in den Sumpf und ans Ufer aus. So sind formale und naturnahe Konturen bei diesem Schwimmteich vereinigt, ohne sich gegenseitig zu beeinträchtigen.

Die lang gezogene Form der Schwimmzone bietet den Badegästen viel Bewegungsfreiheit. Sie stoßen nicht wie beim Swimmingpool oder einem kleinen Schwimmteich bereits nach wenigen Stößen an die Grenzen, sondern können ihren Sport in vollen Zügen genießen.

Terrassen-Träumereien

Die Terrasse wurde an einem zentralen Punkt in Form einer Halbinsel angelegt, von der aus sich die ganze Wasserlandschaft des Schwimmteichs mit ihrer freien Wasserfläche, den Seerosen, Binsen und Rohrkolben sowie den grazilen Gräsern am Ufer des Teiches überblicken lässt, von der aus man aber auch schnell mal ins Wasser springen kann.

PRAXIS … REINIGENDE PFLANZEN

Das Prinzip des Schwimmteichs baut darauf, dass Pflanzen das Wasser rein halten. Hierzu müssen zwei grundsätzlich verschiedene Gruppen unterschieden werden:

- **Unterwasser- und Schwimmpflanzen:** Diese Pflanzen und ihre Eigenschaften wurden bereits auf Seite 86 beschrieben.
- **Repositionspflanzen:** Diese Pflanzen ernähren sich aus dem Teichboden. Durch die Symbiose ihrer Wurzeln mit sauerstoffzehrenden (aeroben) und sauerstoffmeidenden (anaeroben) Bakterien sind sie in der Lage, schädliche Verbindungen in ihre Bestandteile aufzulösen, indem sie sie als Nährstoffe aufnehmen oder als Gas freisetzen.

Pflanzen mit großer Wasser-Reinigungskraft sind die Wasserpest (oben) und die See-Simse (rechts).

Pflanzen zur Wasserreinigung

Deutscher Name	Botanischer Name	Eigenschaften	Wirkung	Verwendung
Aufrechter Igelkolben	*Sparganium erectum*	stark wachsend, Ausläufer bildend	Repositionspflanze	Sumpfbeetkläranlagen, große Teiche und Schwimmteiche
Flatterbinse	*Juncus effusus*	stark wachsend	Repositionspflanze	Feuchtwiese, Pflanzenkläranlagen, größere Teiche u. Schwimmteiche
See-Simse, Teich-Simse	*Schoenoplectus lacustris* Syn: *Scirpus lacustris*	stark und hoch wachsend	Repositionspflanze	Sumpfbeetkläranlagen, große Teiche und Schwimmteiche
Kalmus	*Acorus calamus*	stark wuchernd	Repositionspflanze	in großen Teichen, am Rand größerer Bäche, Sumpfbeetkläranlagen
Rohrkolben	*Typha*-Arten	bis auf *Typha minima* wuchernd	Repositionspflanzen	große Teiche und Schwimmteiche, Pflanzenkläranlagen; *T. minima* für kleine Teiche und Bachläufe
Schilfrohr	*Phragmites australis*	stark wuchernd	Repositionspflanze	Sumpfbeetkläranlagen; für Garten- und Schwimmteiche nicht empfehlenswert
Wasserpest	*Elodea canadensis*	Unterwasserpflanze, stark wuchernd	sehr guter Sauerstofflieferant	nur für sehr große Teiche und Schwimmteiche zu empfehlen
Wasser-Hahnenfuß	*Ranunculus aquatilis*	Unterwasserpflanze, nur weiße Blüten schwimmen an der Oberfläche	sehr gute Wasserreinigung	große und tiefe Teiche sowie Schwimmteiche, auch fließende Gewässer
Wassermoos	*Fontinalis antipyretica*	untergetaucht lebende, immergrüne Schwimmpflanze	guter Sauerstofflieferant	alle Teiche, vor allem Fließgewässer; heller, aber nicht sonniger Standort

Anlage eines Schwimmteichs

Je größer und tiefer der Teich, umso wirksamer kommt die Selbstreinigungskraft des Wassers zur Geltung. Manche Fachleute empfehlen 60, andere 100 Quadratmeter Gesamtfläche als Mindestgröße. Es gibt aber auch Tauchbecken, deren Badebereich nur zwei mal zwei Meter misst. Während die Vegetationszone wie bei einem Naturteich im Verhältnis von 1:3 oder flacher abfällt, sollte die Schwimmzone mindestens zwei Meter tief sein. So wird der Mulm aus Pflanzenabfällen auf dem Teichboden von den Schwimmern nicht aufgewirbelt.

① Nach vorgezeichneten Umrissen wird die Schwimmteichgrube ausgebaggert.

② Elemente aus Recyclingkunststoff grenzen die Schwimmzone vom Pflanzengürtel ab.

③ Die gesamte Grube des Schwimmteichs wird mit einer Teichfolie ausgekleidet.

④ Eine Abdeckung auf der Trennwand und ein Holzdeck bilden den Abschluss.

Abgrenzungen

Um die flache Vegetationszone und den tiefen Schwimmbereich durch eine Abstützung voneinander zu trennen, können verschiedene Baustoffe verwendet werden:

Die runden Wände des betonierten alten Swimmingpools wurden aufgebrochen ...

... und mittels Folie um eine Vegetationszone zum Schwimmteich erweitert.

- **Teichsäcke** werden wie eine Trockenmauer auf der Folie aufgeschichtet.
- **Mauerwerk**: Eine Mauer wird vom Boden der Schwimmzone bis zur Unterkante des Vegetationsgürtels errichtet.
- **Recycling-Kunststoff**: Die winkelförmigen Elemente werden mit Haken und Ösen aneinander gefügt, der waagerechte Schenkel wird mit Erde belastet.
- **Holz**: Auf der Folie wird die Abstützung aus Balken oder Bohlen meist aus Lärchenholz errichtet.
- **Umwandlung eines Swimmingpools**: Die vorhandenen Betonwände des Pools werden in ihrer Höhe verringert. Anschließend hebt man rund um das ehemalige Becken eine Mulde für die Vegetationszone aus. Die Abdichtungsfolie wird in einem Stück durch die Vegetationszone sowie durch das ehemalige Schwimmbecken gelegt.

Bequemer Einstieg

Bei genügend Platz legt man Stufen aus Steinen oder Natursteinplatten durch die Vegetationszone. Einfach ist der Einstieg über eine Leiter, bequemer und schöner eine Holztreppe mit Handlauf. Leiter oder Treppe sollten mit Betonklötzen auf dem Teichboden verankert und am Rand des Beckens befestigt sein.

Bepflanzung

Zur Wasserreinigung bieten sich die in der Tabelle auf Seite 147 aufgelisteten Pflanzen an. Aber selbstverständlich können auch andere Wasserpflanzen in der Vegetationszone angesiedelt werden.

Umwälztechnik – ja oder nein?

Das hängt von der Größe und Nutzung des Schwimmteichs ab. Für den privaten Gebrauch etwa einer vier- bis fünfköpfigen Familie braucht man sie meistens nicht.

Eine einfache Möglichkeit: Ein am Rand des Schwimmteichs installierter **Skimmer** nimmt das überlaufende Oberflächenwasser mit darauf schwimmendem Laub und anderen Schwebstoffen auf. Er muss von Zeit zu Zeit gereinigt werden. Von dort wird das Wasser mittels Pumpe durch ein Sumpfbeet oder einen mit Sand, Kies oder Zeolith-Splitt gefüllten Filter geleitet. In dem Filter zersetzen Bakterien dann organische Verunreinigungen und lösen schädliche Verbindungen auf. Die Umwälzpumpe wird außerhalb des Teichs in einem Extra-Schacht untergebracht.

Das Wasser muss nicht ständig umgewälzt werden, sondern nur wenn der Teichbesitzer einen Bedarf erkennt, zum Beispiel eine anhaltende Wassertrübung.

Dicht unter der Wasseroberfläche ist die Trennmauer zwischen der Vegetationszone und dem Schwimmbecken zu erkennen, in das die Einstiegstreppe hinabführt.

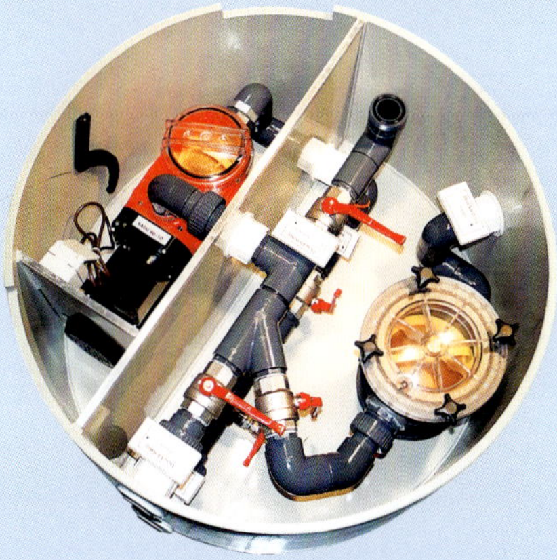

Wasserdicht ist die Pumpe im Kunststoffbehälter außerhalb des Teichs installiert.

Der Skimmer nimmt Verunreinigungen mit dem überlaufenden Wasser auf.

Reinigung

Mit einem Netz über dem Teich verhindern Sie den Einfall von Herbstlaub. Der Mulm, der sich dennoch auf dem Boden der Schwimmzone bildet, wird bei Bedarf mit einem Teichsauger abgesaugt, den man von Spezialfirmen ausleihen kann.

Wir danken der Firma Biotop für die Fotos auf dieser Doppelseite sowie den Seiten 143, 144 und 146. Weitere Informationen unter www.swimming-teich.com.

Teichprobleme von A bis Z

Algen

Sie sind einzellige Wasserpflanzen. Sie können sich als grünbraune Wassertrübung, als Algenrasen auf dem Teichboden und auf Steinen im Wasser oder in Form von Zellverbänden als Algenwatten bemerkbar machen. In einem frisch angelegten Teich erfüllen sie eine wichtige ökologische Aufgabe: Algen nehmen Nährstoffüberschüsse aus dem Wasser auf. Nach ein bis zwei Jahren sollten sie jedoch von selbst zurückgehen. Gelegentlich auftretende Wassertrübungen und Algenbildungen im Frühjahr und Sommer sind nicht bedenklich, wenn sie nach wenigen Wochen wieder verschwunden sind.

Die Ursache für Algenbildung ist immer das Zusammenwirken von Nährstoffüberschüssen und starker Erwärmung des Wassers. Überschüssige Nährstoffe, vor allem Kalk, enthält zunächst einmal frisch eingelassenes Leitungswasser. Wenn der Wasserspiegel später einmal absinkt, sollte man darauf verzichten, Wasser nachlaufen zu lassen, denn dies bedeutet immer eine Nährstoffzufuhr. Regenwasser enthält zwar keinen Kalk, jedoch mitunter andere Nährstoffe, je nachdem, was sich in der Dachrinne an Laub oder Nadelstreu von Bäumen abgelagert hat. Es sollte sich in einer Tonne absetzen oder durch ein Sumpfbeet geleitet werden, bevor es in den Teich fließt.

Algenwatten bilden sich in warmem, nährstoffreichem Wasser. Laufend herausfischen!

Zusätzliche Nährstoffe können ungewollt folgendermaßen in den Teich gelangen: nahrstoffreiche Pflanzerde (Mutterboden); kalkhaltiges Gestein; ungünstige Gestaltung der Uferregion, bei der Mutterboden in den Teich gespült wird; Rasendünger, der beim Ausstreuen in den Teich geweht wurde; Ausscheidungen von Zierfischen, Fischfutter.

Bevor Sie irgendwelche Maßnahmen zur Bekämpfung von Algen einleiten, sollten Sie alle diese Ursachen ausschalten. Andernfalls hilft das wirksamste Mittel nicht.

Einfache biologische Mittel:

- Gleich bei der Bepflanzung des Teichs Unterwasser- und Schwimmpflanzen einsetzen (siehe Seite 85). Sie entziehen den Algen die Nährstoffe.
- Algenwatten auf jeden Fall immer sofort entfernen. Auch damit entziehen Sie dem Wasser Nährstoffe.
- Ein morscher Baumstamm oder ein ähnliches Stück Holz kann dekorativ im Teich platziert werden. Holz bindet Kalk und einige Nährstoffe.
- Torf bindet ebenfalls Kalk, kommt aber aus Gründen des Naturschutzes weniger in Frage.
- Gerstenstroh: Umstrittene, in England angewendete Methode, bei der ein Ballen Gerstenstroh ins Wasser gesenkt wird. Das Stroh bindet vor allem überschüssige Stickstoffverbindungen. Die Frage ist jedoch, ob der Stickstoff mit zunehmender Verrottung des Strohs nicht wieder freigesetzt wird. Also rechtzeitig entfernen.
- Käufliche Mittel auf der Basis von Zeolith und Bakterien: Sie werden meist in Form eines Beutels im Teich abgesenkt, wo die Bakterien organische Abfallstoffe zersetzen und die Nährstoffe den Pflanzen zuführen. Hilft nur so lange, wie sie genügend Nahrung finden.

Bakterienblüte

Das Wasser färbt sich milchig trüb. Bakterienblüte ist die Folge von nicht nachlassender Algenplage. Die Algen sterben ab, werden von sauerstoffzehrenden (aeroben) Bakterien zersetzt, bis diese keine Nahrung mehr finden. Anschließend

sind nur noch sauerstoffmeidende (anaerobe) Bakterien tätig, die für andere Lebewesen giftige Stoffe freisetzen.
Halten Sie einen weißen Teller etwa zehn Zentimeter tief ins Wasser. Wenn er nicht mehr erkennbar ist, müssen Sie handeln: Führen Sie mittels Membranpumpe und einem auf den Teichboden gelegten Belüfterstein Sauerstoff zu. Begleitend zu diesen Maßnahmen müssen Sie alle Ursachen der Algenbildung ausschalten. Eventuell kann sogar eine gründliche Reinigung des Teichs mit einem Wasserwechsel erforderlich sein.

Bambus

Dieser Exot wird aus gestalterischen Gründen oft fürs Teichufer empfohlen. Manche Bambus-Arten treiben jedoch sehr aggressive Wurzel-Ausläufer, die die Teichfolie durchwachsen können. Wenn Sie einen Bambus an den Teichrand pflanzen, dann am besten in einen eingesenkten Betonring oder Ähnliches.

Baumwurzeln

Die Wurzeln flach wachsender Bäume können die Folie beschädigen. Am besten bereits vor der Anlage des Teiches in möglichst großer Entfernung zum Teichrand einen Wurzelvorhang zwischen Baum und Teich in den Boden eingraben.

Bisamratten

Diese Nagetiere können dort, wo sie auftreten, Schäden an der Teichfolie anrichten. Vorbeugend die Folie in ein Betonbett legen und von oben mit einer dicken Kiesschicht und evtl. einem darin ausgelegten Maschendraht schützen.

Blattläuse

Schwarze Blattläuse lassen sich bisweilen auf Seerosen oder den Stängeln der Schwanenblume und manchen anderen Wasser- und Sumpfgewächsen nieder. Ihre Verbreitung wird meist durch den Witterungsverlauf des Jahres begünstigt. Jedes chemische und biologische Insektizid verbietet sich im und am Teich, da es andere Insekten und auch Amphibien schädigen würde. Meistens sorgen schon die anderen Lebewesen des Teichs dafür, dass die Läuse so schnell verschwinden, wie sie gekommen sind. Ansonsten schafft ein scharfer Wasserstrahl Abhilfe.

Enten

Mitunter lassen sich Flugenten im Teich nieder. So groß die Freude über den Besuch auch sein mag, vertreiben Sie die Tiere. Sie gründeln auf dem Teichboden, vertilgen Kleinlebewesen und verschmutzen den Teich mit Kot. Im Zickzack über den Teich gespannte Schnüre halten die Tiere fern.

Fische

So beliebt sie sind, können Fische zum Problem werden, wenn sie in zu großer Zahl einen kleinen Teich bevölkern. Vor allem Goldfische machen sich nicht nur durch Gründeln unangenehm bemerkbar, sie vertilgen auch Kleinlebewesen, die den Teich frei von Algen und organischen Verunreinigungen halten. Obendrein reichern sie das Wasser durch ihre Ausscheidungen stark mit Nährstoffen an. Außerdem vermehren sie sich sehr stark. Die Mindestgröße eines Fischteichs sollte bei 20 Quadratmetern und 1,50 bis 1,80 Meter Tiefe liegen. Weniger problematisch sind heimische kleine Wildfische (siehe Seite 116/117).

Froschkonzerte

Sie sollten Musik in Ihren Ohren sein, die Sie vor Ihren unmusikalischen Nachbarn und notfalls vor Gericht verteidigen. Entfernen lassen sich die Frösche ohnehin nur, wenn man den Teich wieder zuschüttet. Gegen die Zuwanderung lässt sich nichts unternehmen.

Gelbrandkäfer

Die Käfer wandern von selber zu. Sie und ihre Larven leben räuberisch und machen selbst vor Amphibienlarven und kleinen Fischen nicht Halt. Meist sind sie eine vorübergehende Erscheinung. Dennoch: Käfer und Larven herausfangen.

Hochwasser

Beim Gartenteich braucht man es kaum zu fürchten, sofern der Boden am Ufer überlaufendes Wasser aufnimmt und versickern lässt. Ansonsten für einen geregelten Überlauf sorgen (siehe Seite 77).

Katzen

Sie jagen sehr gern Amphibien und Fische. Bei einem Naturteich lässt sich dagegen kaum etwas unternehmen. Schaffen Sie Inseln für Frösche und Kröten, zu denen Katzen nicht gelangen können. Bei formalen Teichen lassen Sie die Randplatten 30 Zentimeter über den Wasserspiegel hinausragen. Bedenken Sie, dass die Jagd der Katzen mit zur natürlichen Auslese gehört. Es bleiben trotzdem genügend Amphibien im Teich.

Kinder-Gefahren

Um Kinder vor dem Ertrinken zu schützen, müssen sie vor allem mit der Gefahr vertraut gemacht werden. Außerdem kann ein Zaun um den Teich oder ein über den Wasserspiegel gelegtes Gitter oder Netz vor dem Ertrinken bewahren.

Denken Sie auch an Kinder, die aus der Nachbarschaft uneingeladen in Ihren Garten kommen könnten. Für sie muss der Teich während Ihrer Abwesenheit unerreichbar sein. Bei einem Unfall müssen Sie sich vor Gericht verantworten.

Unabhängig von der Gefahr des Ertrinkens sollte das Interesse der Kinder an den Lebewesen des Teiches geweckt und ihnen ein sorgsamer Umgang mit dem Biotop ans Herz gelegt werden.

Ein Loch im Folienteich

Meistens entsteht es durch fehlerhaftes Handeln des Teichbesitzers, also durch einen Einstich. Repariert werden können nur Teiche, die mit einer PVC- oder EPDM-Folie abgedichtet sind.

Legen Sie in der Höhe, in der der Wasserspiegel stehen bleibt, die Folie frei. Wenn Sie das Loch gefunden haben, den Wasserspiegel um weitere 10 bis 20 Zentimeter senken und die Folie rund um das Loch gründlich säubern und trocknen. Anschließend einen Folienrest zurechtschneiden, der das Loch großzügig bedeckt. Folie und Flicken mit Kaltschweißmittel bzw. Kleber bestreichen, Flicken schnell darauf decken und die Stelle mit einem Sandsack beschweren. Die Außentemperatur sollte bei dieser Arbeit mindestens 15 °C betragen.

Mückenplage

Mücken sind die Folge eines mit Algen und organischen Stoffen angereicherten Wassers. Tun Sie alles, was auf Seite 150 zum Thema Algen geraten wurde, und die Mücken verschwinden in aller Regel.

Ringelnatter

Die Schlange ist kein Grund zur Panik, sondern zur Freude, wenn sie im Garten heimisch wird. Ringelnattern sind absolut harmlos, und ein paar Frösche seien ihnen gegönnt.

Seerose wächst schlecht

Vermutlich handelt es sich um eine Sorte für niedrigen Wasserstand, die zu tief gepflanzt wurde. Stellen Sie den Gitterkorb mit der Seerose in den Seichtwasserbereich zwischen 30 und 50 Zentimeter Tiefe.

Seerose wuchert

Wenn die Blätter der Seerose über das Wasser hinausragen und die Pflanze einen Großteil des Teiches überwuchert hat, wurde eine für tiefes Wasser bestimmte Sorte in zu flaches Wasser gepflanzt. Wenn möglich in tieferes Wasser stellen oder die Seerose aus dem Teich entfernen und gegen eine für die gegebene Wassertiefe geeignete Sorte auswechseln. Beim Kauf auf die Sortenbeschreibung achten!

Seerosenblattkäfer

Diese Käfer und ihre Larven schneiden Löcher und Miniergänge in die Blätter der Seerosen. Da sich Insektizide im Teich verbieten, hilft nur Absammeln der Käfer und Larven. Notfalls müssen Sie auch ganze Blätter abschneiden und auf den Kompost werfen.

Seerosenzünsler

Die Raupe dieses Falters trennt am Rand der Seerosenblätter kleine Teile des Blatts heraus, um sich darin zu verpuppen. Auch in diesem Fall hilft nur, die Blätter zu entfernen.

Tote Tiere im Teich

Wenn die Ursache nicht »Umkippen« (siehe rechts) ist, so sind die Tiere meist ertrunken. Zwar können alle Tiere schwimmen, doch wenn sie aus Schwäche oder durch einen zu steilen Teichrand nicht aus dem Teich herauskommen, ertrinken sogar Amphibien. Deshalb sollte immer für einen Ausstieg in Form von aufgeschichteten Steinen, einem Brett mit Sprossen oder Ähnlichem gesorgt werden.

Wenn nach Schmelzen der Eisdekke tote Frösche oder Kröten an der Oberfläche schwimmen, liegt das nicht am zu flachen Teich, sondern daran, dass die Tiere zu früh das Laichgewässer aufgesucht haben, durch ihren Winterschlaf geschwächt sind oder die Weibchen noch aufsitzende Männchen zu tragen haben und somit ertrinken, wenn kein rettender Ausstieg vorhanden ist.

Bei jedem Schwimmteich sollte auf alle Fälle ein Ausstieg vom Boden der Schwimmzone bis in den Pflanzengürtel geschaffen werden, über den die Tiere aus dem Wasser auf festen Boden gelangen können.

Verlandung

Sie wird durch sich immer stärker verdichtenden Pflanzenwuchs in der Flachwasserzone hervorgerufen, wobei sich dort mehr und mehr Pflanzenabfälle absetzen. Je nach Fortschreiten der Verlandung sollte der Bewuchs alle drei bis fünf Jahre ausgedünnt werden. Dazu wird das Wasser zumindest teilweise aus dem Teich abgepumpt. Möglichst viel Wasser in Gefäßen auffangen und nach der Maßnahme wieder in den Teich zurückgeben. Es empfiehlt sich, das Ausdünnen abschnittweise über mehrere Jahre verteilt vorzunehmen. Der beste Zeitpunkt ist der Spätherbst.

Wuchernde Wasserpflanzen

Unter den Schwimmpflanzen sollte man die Kleine Wasserlinse *(Lemna minor)* bereits bei geringem Auftreten entfernen, weil sie den Teich schnell mit einem grünen Teppich überzieht. Das Gleiche gilt für das Feenmoos *(Azolla mexicana)*, das, obwohl exotisch, oft den Winter übersteht. Die Wasserpest *(Elodea canadensis)* sollte in kleinen Teichen gänzlich gemieden werden. In sehr großen und in Schwimmteichen wird sie wegen ihrer reinigenden und Sauerstoff freisetzenden Wirkung geschätzt.

Schilfrohr *(Phragmites australis)* hat im Gartenteich nichts zu suchen. Es überwuchert alle andern Pflanzen und ist nur schwer zu entfernen. Die großen Rohrkolben-Arten, Simsen, Binsen und Kalmus sollten in Gefäße gepflanzt werden.

»Umkippen« des Teichwassers

Dies ist die Folge starken Algenwuchses infolge von Nährstoffüberschüssen. Aufgrund der Tätigkeit sauerstoffzehrender (aerober) Bakterien kommt es zu Sauerstoffmangel, Bakterienblüte und kurz darauf zum Absterben aller Lebewesen im Teich. Die effektivste Abhilfe heißt: Belüften. Meist ist dann ein gründliches Ausräumen mit vollständigem Wasserwechsel erforderlich.

Zufrieren des Teichs

Die Eisdecke ist für den Teich und seine Lebewesen völlig unbedenklich. Auch natürliche Gewässer bekommen eine Eisdecke. Lassen Sie die Halme von Rohrkolben, Binsen, Schwanenblume und anderen Pflanzen stehen, damit durch die Lücken rund um die Stängel ein Gasaustausch stattfinden kann. Zur Sicherheit können Sie noch vor dem Winter ein Stroh- oder Rohrbündel ins Wasser stellen oder einen Eisfreihalter auf den Wasserspiegel legen und mit Schnüren am Rand befestigen. Niemals die Eisdecke aufschlagen oder auftauen!

BEZUGSQUELLEN UND ADRESSEN

Teichfolien

Werner Bernhardt
Otto-Hahn-Straße 66
63303 Dreieich
Tel.: 0 61 03 / 3 50 57
www.folien-bernhardt.de

Folien-Drewke
Postfach 100362
42503 Velbert
Tel.: 0 20 51 / 2 10 49
www.foliendrewke.de

Heissner KG
Schlitzer Str. 24
36341 Lauterbach
Tel.: 0 66 41 / 8 60
www.heissner.de

Held GmbH
Gottlieb-Daimler-Str. 5–7
75050 Gemmingen
Tel.: 0 72 67 / 9 12 60
www.held-teichsysteme.de

Mielke's Naturteich
Raiffeisenstr. 53
32457 Porta Westfalica
Tel.: 0 57 51 / 88 11
www.hobby-gartenteich.de

Natur & Garten
GmbH & Co. KG
Riesenbecker Str. 63
49479 Ibbenbüren-Dörenthe
Tel.: 0 54 51 /59 34 20
www.naturagart.de

Plastik-Kauf
Hauptstr. 114
77652 Offenburg
Tel.: 07 81 / 2 49 04

re-natur GmbH
Charles-Ross-Weg 24
24601 Ruhwinkel
Tel.: 0 43 23 / 90 10-0
www.re-natur.de

Sarnafil GmbH
Kapellenstr. 7
85622 Feldkirchen
Tel.: 0 89 / 99 14 50
www.sanafil.de

Ubbink Garten GmbH
Im Fisserhook 11
46395 Bocholt
Tel.: 0 28 71 / 21 01-0
www.ubbinkgarten.de

Wülfing & Hauck
Ernst-Abbe-Str. 2
34260 Kaufungen
Tel.: 0 56 05 / 80 09-0
www.wuelfingundhauck.de

Fertigteiche

Kruk Kunststoffe
Dieselstraße 10
37235 Hessisch Lichtenau
Tel.: 0 56 02 / 80 99-0
www.kruk-kunststoffe.de

Ubbink Garten
(siehe unter Teichfolien)

Tonabdichtungen

Diekmann
Zum Hämelerwald 21
31275 Lehrte Arpke
(Dia-Ton-Elemente)
Tel.: 0 51 75 / 3 01-0
www.dia-diekmann.de

Dernbach
Meißelstraße 29
45476 Mülheim/Ruhr
(Ton-Mineral-Gemisch Dernoton)
Tel.: 02 08 / 40 02-79 oder -99
www.dernoton.de

Menting
Westricher Straße 63
46514 Schermbeck
(Ton-Elemente)
Tel.: 0 28 65 / 70 32
www.menting.de

Max Frank GmbH & Co. KG
Mitterweg 1
94339 Leiblfing
(Fra-Dimat-Dichtmatten)
Tel.: 0 94 27 / 189-120
www.maxfrank.de

Pumpen und Filter

AL-KO Geräte GmbH
Ichenhauser Str.14
89359 Kötz
Tel.: 0 82 21 / 20 30
www.al-ko.de

ATF S.A.R.L. Teichfilter
zum Selbstbau über:
Handelsvertretung Horst Trenz
Gruissem 18
41516 Grevenbroich
Tel.: 0 21 82 / 88 60 03
www.teichfilter.com

Beckmann KG
Simoniusstr. 10
88239 Wangern
Tel.: 0 75 22 / 60 65
www.beckmann-kg.de

Gardena
Hans-Lorenser-Str. 40
89079 Ulm
Tel.: 07 31 / 49 00
www.gardena.com

Heissner AG
(siehe unter Teichfolien)

Hierner GmbH
Trausnitzstr. 8
81671 München
Tel.: 0 89 / 40 50 51
www.hierner.de

Natur & Garten
GmbH & Co. KG
(siehe unter Teichfolien)

Oase GmbH
Postfach 2069
48469 Hörstel-Riesenbeck
Tel.: 0 54 54 / 8 00
www.oase-pumpen.com

Ubbink Garten GmbH
(siehe unter Teichfolien)

Muscheln, Wildfische, Zierfische

Sakanaya Bodensee
Inh. Richard Hilble
Waldhornstraße 8
88677 Markdorf
www.sakanaya.de
(Kois)

Sakanaya
Inh. Robert Hilble
Edelsbrunn 1
94501 Aldersbach
www.sakanaya.de
(Kois)

Top Zoo
Zoofachmarkt Demmer GmbH
Leimbachstraße 217
57074 Siegen
Tel.: 02 71 / 3 30 03 10
www.koicenter-siegen.de
(Zierfische, Wildfische,
Muscheln)

Wasserpflanzen, Stauden

Adressen von Wasserpflanzen- und Staudengärtnereien in Ihrer Nähe erhalten Sie beim:

Bund Deutscher
Staudengärtner
Gießener Str. 47
35305 Grünberg
Tel.: 0 64 01 / 9 10 10
www.bildungsstaette-gartenbau.de

Schwimmteichbauer

Die Schwimmteichbauer in Deutschland, Österreich und der Schweiz sind in Verbänden zusammengeschlossen:

Deutsche Gesellschaft für
Badegewässer
Präsident R. Grafinger
St. Nikolaus-Straße 2
85232 Bergkirchen
Tel.: 0 81 31 / 35 47 03
www.kleinbadeteiche.de

Verband der österreichischen
Schwimmteichbauer
Präsident R. Weixler
Aichbergstraße 48
A-4600 Wels
Tel.: +43 / 72 42 / 6 66 92
www.schwimmteich.co.at

Winkler & Richard AG
Naturgärten
Frauenfeldstraße 27
CH-9545 Wängi
Tel.: +41 / 52 / 37 82 14
www.gartenland.ch

STICHWORTVERZEICHNIS

Zahlen mit * verweisen auf Abbildungen

Im einzelnen möchten sich der Fotograf Gary Rogers und der Verlag bei folgenden Gartenbesitzern, Gärtnereibetrieben und öffentlichen Gärten bedanken: *)

Barton, Lippstadt-Benninghausen (D): S. 11u, 62, 70, 80/81
Beardshaw, Chris (Ds; GB): S. 29
Biotop Weidling, Klosterneuburg (A): S. 6, 140/141, 145
CFS, Ds: David Stevens: S. 41
CFS, Ds. Roger Platts: S.13
Chatsworth Garden, Derbyshire (GB): S. 126
Drees, Ilse (Ds), Bonn-Bad Godesberg (D): S. 108
Eberts, Baden Baden (D): S. 129
Engler & Friesch, Schongau (D): S. 118
Foerster, Potsdam-Bornim (D): S. 43
Gieseke, Inge (Ds), Hilden (D): S. 8/9
HCGS, Ds: Claudia De Yong (GB): S. 12u, 34
Linfoot, Perth (Aus): S. 142
Little Thakeham Hotel, Surrey (GB): S. 40
Luderwaldt, Hannover (D): S. 130
Lunow, Bad Swistal (D): S. 125o, 133
Mainhard, Henk Weijers (Ds; D): S. 64
Maubach (Ds), Wuppertal (D): S. 42
Meinhard, Osteraufehn (D), S. 128
Moore, Chris (Ds), Napa Valley (USA): S. 45
No Wonterghem (Ds), Deurle (B): S. 25
Oates, Eastnor Herefordshire (GB): S. 10u
Osterauer, Niederroth (D): S. 120/121
Schnitzke-Spijker, Gelnhausen-Hailer (D): S. 63
Schoellen, Marc (Ds; L): S. 28o
Sculpture Garden Bertram, Ganderkesee (D): S. 44
Spilker, Detmold (D): S. 49
Stemmer, Köln (D): S. 22/23
Stocker, Schimmelpfennig & Partner (Ds; D): S. 26
TPGS, Ds: Andrew Loudon (GB): S. 123ol
Tümmers, Kempen (D): S. 24
Weijers, Henk (Ds), Haarlem (NL): S. 30u, 31, 60, 61, 72, 82, 127
Wirth, Heilbronn (D): S. 46

*) angegeben sind jeweils die Länderkürzel in Klammern; Ds = Gartendesign; CFS =Chelsea Flower Show; HCGS = Hampton Court Garden Show; TPGS = Tatton Park Garden Show

Bildnachweis

Biotop: 143, 144, 146, 148o, 148u, 149o, 149m
Borstell/Arnoldshof: 25o
Borstell: 1, 2/3, 9, 16, 28o, 30o, 33, 34ol, 34or, 34ml, 48/49, 56, 57, 64, 65, 69, 85um, 88m, 89u, 92l, 94m, 94u, 95o, 95m, 97or, 99ul, 99ur, 122, 132
Franke: 17u, 54, 55, 66, 67, 71, 72, 79l, 131, 149u, 150
G&F: 138o
Hagen: 89ur
Hecker: 51u, 93m, 95u, 99ol, 103, 105ol, 105or, 111o, 111m, 112o, 112u, 116l, 119
Heissner: 19ol, 19ul, 19om, 19um, 19or, 19ur
Kruk Kunststoffe: 75
Limbrunner: 109u
Oase: 74r, 76/77, 139
Pforr: 5, 30m, 51or, 79r, 89ol, 92r, 94o, 97ol, 97ur, 100/101, 105ur, 107ol, 107or, 107ul, 108, 109o, 110o, 113u, 117, 135ol, 135ur, 147l
Pott: 51ol, 85om, 85or, 85ul, 85ur, 88o, 92m, 93l, 107ur, 105mr, 135or
Redeleit: 7, 37, 46, 52, 78, 86, 99or, 123or, 138u
Reinhard: 34ul, 34ur, 85ol, 89om, 89or, 89ul, 110ur, 114, 116r, 124, 147r
Rogers: 4, 6, 10/11, 12, 13o, 13u, 14u, 14o, 15, 17o, 20/21, 22, 23, 24, 25u, 26o, 26u, 27, 28u, 29, 32, 38, 39, 40, 41, 42, 43, 44, 47, 58, 59, 60, 61, 62, 63, 68, 70, 80/81, 82, 97ul, 118, 120/121, 123ol, 125, 126, 127, 128, 129, 130, 133, 140/141, 142, 145
Sammer: 74l, 74m
Sauer/Hecker: 104, 116m
Seidl: 135ul
Stein: 34mr, 45
Strauß: 30u
Zeininger: 93r, 106, 110ul, 111u, 113o

Grafiken: Sylvia Bespaluk, außer S. 119 (Oase)

Bibliographische Information der Deutschen Bibliothek

Die Deutsche Bibliothek verzeichnet diese Publikation in der Deutschen Nationalbibliographie; detaillierte bibliographische Daten sind im Internet über http://dnb.ddb.de abrufbar.

BLV Buchverlag
GmbH & Co. KG
80797 München

Umschlaggestaltung:
Anja Masuch, Fürstenfeldbruck

Umschlagfotos: Ursel Borstell

Lektorat: Dr. Eva Dempewolf,
Dr. Thomas Hagen

Herstellung: Hermann Maxant

Layoutkonzept Innenteil:
fuchs_design, Ottobrunn

Layout: Anton Walter, Gundelfingen
Satz: agentur walter, Gundelfingen

Gedruckt auf chlorfrei gebleichtem Papier

Printed in Germany
ISBN-10: 3-8354-0042-8
ISBN-13: 978-3-8354-0042-9

Eine kleine Auswahl aus unserem Programm

Wolfram Franke
Gartenteich-Träume
Faszination Wassergarten: Inspiration in opulenten Bildern; traumhafte Wassergarten-Beispiele bis hin zu Bachlauf und Schwimmteich; Praxis: Anlage, Pflanzenauswahl, Bepflanzung, Technik, Pflege.
ISBN 3-8354-0042-8

Marie-Luise Kreuter
Der Biogarten
Das Original – jetzt als Neuausgabe: das unentbehrliche Standardwerk, verfasst von Deutschlands bekanntester Biogärtnerin; mit Beilage »Pflanzenschutz-Kompass« zum schnellen Bestimmen und Abwehren von Schädlingen und Krankheiten.
ISBN 3-405-16674-8

Dorothée Waechter
Mein Wellness-Garten
Der Garten als Refugium für die Seele: Sicht- und Sonnenschutz, Rückzugsräume im Grünen, Feng Shui, Sitz- und Liegeplätze, Licht-Ideen, Pflanzen zum Fühlen und Be-Greifen, Wellness für den Gaumen, Wohlfühlfaktor Wasser usw.
ISBN 3-8354-0029-0

Ursel Borstell/Text: Silke Kluth
GartenBlicke
Vom Zauber schöner Gärten: der Geschenkband mit brillanten Fotos; Beete, Pflanzen, Gestaltungen, Blüten – gesehen aus ungewohnten Perspektiven; mit Hintergrundinfos zu den Motiven.
ISBN 3-405-16965-8

Tobias Gold/Martina Bäumler
Lazy – So leicht kann Gärtnern sein
Genießen statt schwitzen – schöne Gärten mit wenig Aufwand: einfache Gestaltungsideen auch für Anfänger, pflegeleichte Pflanzen, die wichtigsten Gartenarbeiten Schritt für Schritt, Feste feiern im Garten.
ISBN 3-405-16098-7

Robert Markley
Rosen für jeden
Kompakte Infos, beste Fotos – das optimale Einsteiger-Buch; alle Rosengruppen im Porträt von den Alten Rosen bis zu Edelrosen; Rosenpraxis: Standort, Auswahl, Pflanzung, Pflege, Schnitt; spezielle Expertentipps zu allen Rosengruppen.
ISBN 3-8354-0031-2

Die zuverlässigen Berater

BLV Bücher bieten mehr:

- mehr Wissen
- mehr Erfahrung
- mehr Innovation
- mehr Praxisnutzen
- mehr Qualität

Denn 60 Jahre Ratgeberkompetenz sind nicht zu schlagen!

Dass Sie sich gut beraten fühlen – das ist unser Ziel. Falls Sie Fragen und/oder Anregungen haben, schreiben Sie uns bitte:

BLV Buchverlag GmbH & Co. KG
Lektorat · Lothstraße 19
80797 München
Postfach 40 02 20
80702 München
Telefon 089/12705-0 · Fax -545
E-mail: blv.verlag@blv.de

Unser Buchprogramm umfasst rund 800 Titel zu den Themen **Garten · Natur · Heimtiere · Jagd · Angeln · Sport · Golf · Reiten · Alpinismus · Fitness · Gesundheit · Kochen.** Ausführliche Informationen erhalten Sie unter **www.blv.de**

blv

Mehr Erlesen!